遣唐使

東野治之
Haruyuki Tono

岩波新書
1104

はしがき

遣唐使は、中学・高校の社会や歴史の教科書にも必ずのせられており、古代日本から唐へ使節が送られたこと自体は、誰にも知られている。しかし、遣唐使の実態について普及されていることがらは、思いのほか少ない。おそらく、古代の日本が唐の進んだ文化を受け入れて国家体制を整え、古代文化の繁栄を築いたこと、その影に阿倍仲麻呂《あべのなかまろ》や吉備真備《きびのまきび》など、留学者の労苦があり、海難事故で多くの人命が失われたことなどが、その主なものではないだろうか。実のところ、遣唐使に関して、もともとそれほど多くのことが知られているわけではない。しかし、東アジアのはずれに位置して歴史を形成してきた我が国のような場合、先進文化の源である大陸との接触がどうだったのかは、国内の動向に劣らない意義がある。その点、大陸との間に正式な国交のあった遣唐使時代は、異文化交流の豊かな実例を秘めた時代として、もっと振り返られる必要があるだろう。

ただ、それにも益して問題なのは、遣唐使といえば友好やシルクロード経由の文化受容といった側面が強調されがちで、日唐の外交関係が、あまり話題にのぼらないことである。朝廷は推古朝以来、中国と外交上対等に接してきたと考えている人が多いのではないだろうか。研究者の間でも、そのような見方が長らく常識となり、日本からの国書は外交上の名分を争う種とならないよう、持参されなかったという考えも一般化していた。それが改められ、日本が唐に国書を差し出していたことが認められたのは、一九八〇年代も後半になってからである。これには、第二次大戦前からのナショナリズムが、冷静な認識を妨げてきたことも影響しているだろう。昭和戦前期以降、唯物史観による研究が芽生え、盛んになっても、その関心は国内史中心で、国際関係への注目は、いわゆる六〇年安保以後のことである。その反面、外交史や対外関係史の研究者には、戦後も右寄りの人たちが少なくなかった。国書持参の問題が、最初日本史の研究者でなく、中国史の専門家から提起されたのも偶然ではないだろう。

もっとも、日唐の関係がそのようなものであったからといって、日本が唐の属国だったなどと考える必要はない。いつの時代もそうであるが、外交のたてまえを実態と取っては、真実を見誤ることになる。ただ、このたてまえを抜きにして、遣唐使を正しく理解することができないのは確かだろう。歴史は善悪や好き嫌いの感情を捨てて、まずは何がどのように進行したかを眺めてこそ意味がある。「友好」や「ロマン」も大切だが、それらだけでは偏った歴史しか見えてこない。先に述べた豊かな交流を巡るさまざまな事実も、このような視野の中に置くとき、さらに多くのことを語ってくれるだろう。

遣唐使全体を扱った一般読者向けの本は、森克己氏の『遣唐使』以来、ここ半世紀余りも出ていない。この間、先に述べたような「常識」が再検討される中で、色々の重要な事実が明らかになってきた。本書を繙かれる方は、耳慣れない事実に出会って、違和感を持たれる場合も少なくないだろう。しかし、それこそが著者である私のむしろ目指すところでもある。その違和感を手がかりに、単なる遣唐使のドラマやロマンを超え、現代の外交や文化交流にも視線をむけていただきたいと思う。

なお本書では、遣唐使の次数を示すのに、七世紀代は次数と西暦で、八世紀代は次数と年号で示した。数字だけではわかりにくく、また従来の研究者が様々な数え方をしてきているためである。巻末の年表には、著者の研究結果を踏まえ、実行されたか否かを問わず、知られる全ての派遣計画を挙げた。実行された計画だけに次数をつけるべきだとの意見も見られるが、計画だけに終わった使いも歴史的な意義は大きく、その見解には同意できない。

個々の記述の典拠となった史料は、いちいち挙げると煩わしいので、『続日本紀《しょくにほんぎ》』その他、よく使われてたやすく想像のつくものは、名前を挙げるのを省略することにした。

また、「日本」という国号は、本文中でも取り上げたとおり、大宝律令で定まったと考えるので、一応これを境に「倭」と「日本」を使い分けたが、便宜上「日本」で通したところもある。天皇、皇族の称号や諡号《しごう》は、全て慣例に従った。

目　次

序章　遣唐留学生の墓誌

日本人留学生の墓誌発見

「最古」とか「新発見」といった言葉の飛び交うことがめずらしくなくなった文化財報道の中で、二〇〇四年九月、本当に感動的なニュースが中国から飛び込んできた。遣唐使で渡航した日本人留学生の墓誌が、唐の都のあった西安の東郊から出てきたという知らせである。開発でたまたま見つかったもので、当然あったに違いない墓の情報がないのは残念だったが、ファクシミリで送られてきた漢字の文面を追うだけでも、その価値の大きさが実感できる史料だった。

本格の漢文で綴られており、一般にはなじみにくい文章ではあるが、強い望郷の思いを宿した結末部分は、誰にでも訴えかける迫力を持つ。中国では、西北大学の王建新教授によって同年十月初めに公表されたが、これを日本で展示したいという動きが出てきたのも当然だった。この企画が、日中双方の人々のさまざまな努力で、二〇〇五年に実現したことは、まだ記憶に新しい。

墓誌を読む

では、改めてこの墓誌がどんな意義を持っているかだが、留学生についての生の史料というばかりでなく、八世紀前半の日唐関係がみごとに切り取られて表されている点に、第一の価値があると思う。その意味でこの墓誌の内容は、遣唐使の問題を考えてゆく導きとして恰好のものだろう。そのことを実感していただくには、この墓誌を読み解いてゆく必要がある。少し煩わしいが、内容をかいつまんで見ておくことにしよう。

墓誌の原文は、約四十センチメートル四方の石に、一行十六字詰め、十二行にわたって刻まれている。こういう形式は、墓誌本体に蓋石が組み合わさって一具となる点とともに、中国の墓誌の通例にならったもので、日本古代の墓誌とは全く異なる。あとでふれる内容の特徴ともあいまって、これが唐の人の手で作られた完全な中国風の墓誌であることを示している。次に原文と書き下し文を対照して掲げよう。

〔原文〕

　贈尚衣奉御井公墓誌文　并序

公姓井、字真成。国号日本、才称天縦。故能

銜命遠邦、馳聘上国。蹈礼楽襲衣冠。束帯
□朝、難与儔矣。豈図、強学不倦、問道未終、
□遇移舟、隙逢奔駟。以開元二十二年正月
□日、乃終于官弟。春秋卅六。　皇上、
□傷、追崇有典、詔贈尚衣奉御、葬令官
□即以其年二月四日、窆于万年県滻水
東原。礼也。嗚呼、素車暁引、丹旐行哀。嗟遠
□兮頽暮日、指窮郊兮悲夜台。其辞曰、
寂乃天常、哀茲遠方。形既埋於異土、魂庶
帰於故郷

〔書き下し文〕

贈尚衣奉御井公《しょういほうぎょせいこう》の墓誌の文　序并《あわ》せたり。

公は姓は井《せい》、字《あざな》は真成《しんせい》。国は日本と号し、才は天の縦《ゆる》せるに称《かな》う。故に能く命《めい》を遠邦に銜《ふく》み、上国に馳せ聘《むか》えり。礼楽を蹈《ふ》みて衣冠を襲う。束帯して朝《ちょう》に□ば、与《とも》に儔《たぐ》うこと難し。

井真成墓誌，拓本(全文)と表面(部分)．西北大学文博学院蔵．拓本は「遣唐使と唐の美術」展図録(朝日新聞社)による

豈図《あにはか》らんや、学に強《つと》めて倦《う》まず、道を問うこと未だ終らざるに、□移舟に遇い、隙《げき》、奔駟《ほんし》に逢わんとは。開元二十二年正月□日を以て、乃ち官弟《かんだい》(第)に終わる。春秋三十六。皇上、□傷みて、追崇するに典あり、詔して尚衣奉御を贈り、葬は官を令《し》て□せしむ。即ち其の年二月四日を以て、万年県の滻水《さんすい》の東の原に窆《ほうむ》る。礼なり。嗚呼、素車《そしゃ》、暁に引き、丹旐《たんちょう》、哀を行う。遠□を嗟《なげ》きて暮日に頽《たお》れ、窮郊に指《おもむ》きて夜台に悲しむ。其の辞に曰わく、寂《こえな》きは乃ち天常《てんじょう》、哀《かな》しきは茲《こ》れ遠方なること。形は既に異土に埋もれ、魂は故郷に帰らんことを庶《こいねが》う。

私見によってこれを現代語に訳せば、次のようになる。

　尚衣奉御を追贈された井公の墓誌の文　序と并せる。

公は姓は井、通称は真成。国は日本といい、才は生まれながらに優れていた。それで命を受けて遠国へ派遣され、中国に馬を走らせ訪れた。中国の礼儀教養を身につけ、中国の風俗に同化した。正装して朝廷に立ったなら、並ぶものはなかったに違いない。だから誰が予想しただろう、よく勉学し、まだそれを成し遂げないのに、思いもかけず突然に死ぬとは。開元二十二年(七三四、天平六年)正月□日に官舎で亡くなった。年齢は三十六だった。皇帝(玄宗)はこれを傷み、しきたりに則って栄誉を称え、詔勅によって尚衣奉御の官職を贈り、葬儀は官でとり行わせた。その年二月四日に万年県の滻河の東の原に葬った。礼に基づいてである。ああ、夜明けに柩をのせた素木《しらき》の車を引いてゆき、葬列は赤いのぼりを立てて哀悼の意を表した。真成は、遠い国にいることをなげきながら、夕暮れに倒れ、荒れはてた郊外におもむいて、墓で悲しんでいる。その言葉にいうには、「死ぬことは天の常道だが、哀しいのは遠方であることだ。身体はもう異国に埋められたが、魂は故郷に帰ることを願っている」と。

井真成とは何者か

この墓誌で、公表当時から最も話題を呼んだのは、主人公の「井真成」とは何者かということだった。遣唐使節や留学生は、唐で名乗る中国風の名を用意して渡唐した(拙著『遣唐使船』)。私は「井真成」を葛井真成《ふじいのまなり》の唐名だと考えるが、彼の出自はまた後にふれることとし、ここでは八世紀の一日本人として話を進めよう。

この墓誌を理解するには、いくつかの勘所とも言うべきものがある。その第一は「命を遠邦に銜《ふく》み、上国に馳せ聘《むか》えり」という箇所である。「遠邦」すなわち遠い中国へ行くようにという君命を受け、馬を馳せて唐にやってきたという。ここの「遠邦」を中国から遠く離れた日本と解する研究者もあるが(気賀沢保規「見えてきた無名の遣唐使「井真成」の素顔」)、そうではないだろう。日本からの入唐僧《にっとう》常暁《じょうぎょう》が書いた文に、「命を留学に銜《ふく》み」という表現がある(『僧常暁将来目録』)。日本人の文章とはいえ、正格の漢文だから、ここの解釈にも参考になる。つまり「銜命」を組み込んで四字句を作る場合、次に来るのは目的を表す言葉だということである。「遠い国に行くように」という命令を受けて、と解すべきだろう。このくだりによって、井真成が日本政府派遣の人物とわかるのは重要である。可能性からいえば、捕虜や潜入・漂着など、入唐のきっかけは他にも想定できないことはない。しかし、この表現は、正式な外交使節すなわち遣唐使に従って入国したことを証明している。

入唐の方法をめぐって

なお、このくだりでもう一つ注意を要するのは、入唐の方法が、「馳聘」とあることである。「馳聘」とは耳慣れない言い回しだが、唐の墓誌には他にも例があり(『唐文拾遺』巻六五、済度寺故比丘尼法楽法師墓誌銘、七一四年)、「馬を走らせ」の意である。しかし日本人の感覚からすれば、遣唐使というと、まず海を越えてという印象が強い。あとでも述べるように、実は中国国内の旅行も厳しいものだったが、直接の辛苦や危険はやはり渡海にあった。したがって、もし墓誌が日本人の作なら、ここはそれを盛り込んだ形になるのが自然だろう。この墓誌の作者は、日本の地理的位置に平素あまり関心のない人物、おそらく唐の官人だったとみられる。

　このことは、さきに少し言及した墓誌そのものの形ともよく符合する。日本の古代にも墓誌を作って埋納する習慣は伝わっており、墓誌本体と蓋とが一組になるものも作られているが、それは現存の墓誌十六点中、わずかに二例しかなく、しかもその形は、中国では比較的稀な縦長の長方形である。製作年代も奈良時代末期で、中国風の墓誌のスタイルが、日本では遅くなって影響を及ぼしたことがわかる。井真成の墓誌は、日本の同時代の風習とは異なるスタイルで作られているわけで、全体として唐の作品とみてまちがいない。

井真成墓誌の本体と蓋．西北大学文博学院蔵．「遣唐使と唐の美術」展図録(朝日新聞社)より

　唐の墓誌は、この正方形に近い姿に合わせ、文章も行数と一行の字数を揃えたものが多い。とくに身分の高い人物のものはそうである。この墓誌では、なお四行分の罫線は刻まれ

ているものの文字はない。ただ空白の四行と、その前の文面十二行を合わせれば、一行の字数十六と等しくなることは注意されてよいだろう。この墓誌は、一応一行十六字、全十六行で計画されたが、文章にそこまで手間をかけず、なりゆきで済ませたということになる。これは墓誌文の作成を依頼された唐の官人の熱心さを計る尺度にもなるはずである。作者については、さらにのちにふれるが、作者が日唐間の旅程に無関心だったことと共に、この墓誌が一種の注文品だったことを示していると言わなければならない。

唐から見た井真成

さて、墓誌の文面で注意される第二の点は、さきのくだりに続く、「礼楽を蹈《ふ》みて衣冠を襲う」である。中国風の振舞いや教養を身に付け、服装も同化したことを述べている。遣唐使に随行して渡唐した以上、この位のことは当然だろう。後章でも取り上げるが、遣唐使には教養ある人物が選ばれていた。おまけに、井真成は続く文中に、勉学途中で急逝したと書かれている。留学目的の渡唐だったとすれば、唐文化への習熟は当たり前である。ただ、この表現が唐の人物から出ていることは注目されてよい。真成は異国人であるにも拘らず、完全に中国化している、という唐からの視線を踏まえた評価だからである。唐を取り巻く諸外国を比べた場合、中国文化への同化は決して一般的なことではなく、思想・宗教から服装に至るまで、民族や国家の独自性を守っていることが多い。先の表現は、そのような中にあって、真成の同化ぶりを称えたものなのである。現に「衣冠を襲う」という表現の実例を他の文献に探ってみても、次に挙げるように、異民族に対して使われる場合がある。

戎夏不雑、自古所誡。夷狄無信、易動難安。（中略）自漢魏以後、（中略）喩其解辮、使襲衣冠。（『全唐文』巻二八一、陳貞節「請止四夷入侍疏」）

戎・夏、雑《まじ》えざるは、古えより誡《いましむ》るところなり。夷狄は信無くば、動き易く安んじ難し。漢魏より以後、其の辮《くみがみ》を解くことを喩《さと》し、衣冠を襲わしむ。

真成の墓誌では、「衣冠を襲う」のあとに「束帯して朝《ちょう》に□ば、与《とも》に儔《たぐ》うこと難し」とあるが、これもその同化ぶりからみて、唐の人も顔負けの官僚となれたはずだ、と惜しんでいると見るのがよい。原物では「朝」の上の一字が欠損して、わずかな筆画を留めるだけなので、完全には読めないが、その一字は、すでに推定されているとおり、「立」だろう。いずれにしても、革帯を締めて官人としての正装をし、朝廷に出仕したなら、というぐらいの意味になるはずである。

もっとも、原文は「束帯□朝」とあるだけで、とくに仮定を表わす「者」(ば)や「縦」(たとい)などの文字はないから、仮定の話ではなく、真成が実際に正装して朝廷に立ったのだと見る研究者もないではない(前掲気賀沢論文)。真成が任官していたら、墓誌にそのことが載るはずで、任官の可能性はないが、仕官しないまでも、学生《がくしょう》として儀式などに参加することはあってよい。学生は宮廷の公式行事に、見学のため参列するのを許されていた(『新唐書』百官志、国子監)。ただ、前途を残しながら急死したことが後に続くことからすると、ここはその将来性が強調してあると考えたほうがスムーズである。もともとこの文は、四字や六字の句を積み重ねる形で組みたてられている。時制の明示にこだわらない中国の語法からすれば、わざわざ四字句のまとまりを破ってまで、仮定を表わす文字を入れなければならないことはない。現にこの表現の典拠になったとみられる『論語』(公治長《こうやちょう》)の「赤や、束帯して朝に立ち、賓客と言わしむ可き也」でも、「束帯立朝」だけで、「実際はそうでないが、束帯して朝に立たせ」の意を表わしている。

ともあれ墓誌の文は、唐からみた真成の振舞や教養は、全く違和感のないものだったことを語っている。真成は異邦人であるにも拘らず、唐文化の優等生だった。だが、ここが注意を要するところで、真成は中国皇帝を頂点とする中華帝国の秩序に完全に従っていたことを確認しておくべきだろう。真成の死を皇帝が傷み、官職を追贈し葬儀を官で行わせたというのも、真成が臣下にふさわしいとみなされたからである。またこれは真成だけの問題ではない。遣唐使による日唐の外交も、唐の思いどおりに進んでいたからこそ、出てきた対応だろう。中国と日本の外交関係は、これまで決して平穏無事だったわけではない。隋の煬帝《ようだい》の不興をかったこともあり、日唐が直接軍を交えたこともあった。この蜜月関係はどのようにして出現し、維持されたのか。墓誌だけをみていると当たり前に見える状態も、決して自明のことではなかったことを想起すべきなのである。

望郷の念への共感

それと関連して理解されなければならないのは、墓誌の末尾に置かれた韻を踏んだ文章である。

寂きは乃ち天常、哀しきは茲れ遠方なること。形は既に異土に埋もれ、魂は故郷に帰らんことを庶《こいねが》う。

異国の地に倒れた真成を悼むこの文は、発表当初から真成の心情を表現したものとして話題を呼んだ。唐に骨を埋めた人物の詠としては、阿倍仲麻呂の作ったという、

天の原　ふりさけ見れば　春日なる　御笠の山に　出でし月かも

の歌が有名だが、望郷の念を述べたという点では、墓誌の方が一層直接的で切実な響きを持つ。しかも、墓誌の末尾はふつう死者を追悼する韻文で締めくくられるのに対し、ここでは「魂は故郷に帰らんことを庶《こいねが》う」となっていることも注意されてよい。つまりこの箇所は、真成本人がその思いを述べていることになるわけである。もっとも研究者の中には、この文章を通例どおり墓誌作者のものとみて、「庶」ったのは真成でなく、墓誌の作者だったという人もある(前掲気賀沢論文)。しかし願ったのが追悼した人なら、漢文の構成上、語順が「庶魂帰於故郷」とならなければおかしい。墓誌の語順は、文の主語が真成の「魂」だったことを明瞭に示している。

もちろんこのくだりは、真成の遺言を書き取ったというようなものではなく、墓誌の作者の

虚構だろう。しかしこのようにつぼにはまった表現が生み出される背景には、異邦人への同情、共感があったことは否めまい。たとえそれは、唐という中華世界の中心から発したものであったとしても、十分に心の込められた表現である。このような追悼の言辞は、先に述べた日唐の良好な関係を背景にして、始めて出てくるものだろう。そこには同じ礼的な秩序を共有しているのだという、いわば連帯感があり、それに参入を果たしながら若くして逝った真成への同情が、墓誌作者を動かしたのではないだろうか。こうした点でこの墓誌は、八世紀の日唐関係を見事に映し出してくれる史料といわなければならない。

真成の死とその後

なお、この墓誌に関する細かいことは、別に述べたことがあるので(拙稿「井真成の墓誌を読む」)、それに譲るが、主な点について簡単にふれておこう。

まず真成の死因であるが、墓誌には「□移舟に遇い、隙《げき》、奔駟《ほんし》に逢《あ》わんとは」とあるだけで、具体的な言及はない。「移舟に遇い」は、舟を山谷に隠して安心していたら、一夜にしてそれが動いてしまったという、『荘子』(大宗師)の故事を踏まえたもの、「隙、奔駟に逢」うは、四頭立ての馬車がわずかな隙間を過ぎる一瞬の短さを言ったもので、いずれもその死が急であったことを語るばかりである。病死、自殺、謀殺、さまざまな可能性はあっても、真相は不明としておくほかはない。文章を作った唐人は、死因について情報をもっていなかったのかも知れない。

真成の死後、玄宗の詔によって「尚衣奉御」の官が追贈され、その格による葬儀が官の手で行われた。この職は、九段階ある唐の官職の中では、第五番目の従五品《ひん》上に相当するものであって、皇帝の衣服を管理、調達することを掌る。皇帝の親族や上級貴族の子弟が、最初の任官で授けられることが多く、格式の高い官職だった。中国の官僚制では、あまり実務が忙しくなくて手ぎれいな、こうした官が貴族にふさわしい「清官《せいかん》」とされ、将来の昇進を約束された者が、特権的に清官に任命される慣わしとなっていた。その点からすれば、真成への贈官は優遇と言っても誤りではないだろう。

ただ注意を要するのは、贈官はあくまで死者に対する形式的な恩恵でしかなかったことである。この時点でも、本当の尚衣奉御が別に在任していたことは疑いない。また真成がたとえ学業を終えて任官するとなっても、このような清官が与えられた保証は全くない。この官を他の日本人が受けた官と比べてみても、意味はないといえよう。ここから言えるのは、玄宗がこの留学生に対し、最大級の恩恵を与えたということである。

最後に真成の死んだ日と埋葬された日であるが、命日の方は墓誌の欠損で確かめられない。ただこの年正月といえば、前年唐に着岸した天平の遣唐使一行が、長安に入っていた(第二章参照)。そのことから、真成の埋葬について、この遣唐使のメンバーが関わっていたことを想定する研究者も少なくなかった。もちろんそれは完全には否定できないが、墓誌に現われた真成についての情報が、すでにふれたように貧弱でまた不正確でもあることからすると、死没から葬送の準備に至るまで、日本人が関与した可能性はまずないと見るべきである。もしそういうことがあれば、真成の本姓、出身地、系譜などが墓誌に幾分なりとも反映されないはずはない。それどころか日本人の誰かが墓誌の文を作ることになったのではないだろうか。長安での遣唐使や在留者の行動は、後章でも述べるように、かなり束縛の多いものだったから、日本人との接触は、真成の死後になったことも考えられる。真成は、ひとり寂しく官舎で亡くなったのだろう。

さてその官舎であるが、墓誌には「官弟《かんだい》」とある。「弟」は同音の「第」に通じて使われるから、「官第」と同じだが、そのイメージは、寺院の僧房に似た留学生宿舎と見たらよいだろう。唐朝の後宮女性たちの墓誌には、亡くなった場所が「別房」「別第」「別館」などと出てくるが、実態は同一で、棟割の宿舎のようなものだったと考えられる。外国からの留学生にも同様な官舎が宛てがわれていたのだろう。

墓誌によると、真成の葬儀は二月四日に行われた。その葬列の描写もある。しかし墓誌は葬送に先立って準備されるので、これは実景を見た上でのことではないし、厳密に言えば、その日付も本当にそうだったかどうかは確かめられない。たとえ遅まきながら、遣唐使人たちが加わったとしても、その葬列は決して盛大なものではなかったのではないか。真成が五品の官人の格で墓を営んでもらったことは確かであろうが、真成にとっては、千三百年の時を経て、墓誌が日の目を見たことの方が、はるかにその無念を晴らすことになったと言うべきだろう。

第一章　遣隋使から遣唐使へ

正式な国交・交流の時代

日本と中国は、間に海を挟むとはいえ、長い歴史を持つ隣国であるが、正式な国交があった時期は決して長くない。邪馬台国時代をしばらく措けば、四世紀末から五世紀末までの倭の五王時代、七世紀末からの遣隋使・遣唐使の時代、十五世紀初めから百五十年ほどの日明貿易の時代、これで全てである。遣隋使は六〇〇年に始まり、最後の遣唐使が出発したのは八三八年のことだから、この間二百年余り、千五百年を優に超える歴史の中で、その三分の一程度にしかならない。もちろん、近年強調されているとおり、正式な国交がなかったからといって、すぐさま鎖国的状態というのは正しくなく、さまざまな交流があったことも確かである。

しかし正式な国交があるとないとでは、交流の質に大差が生じることを見逃してはならない。正式な国交があれば、それは当然首都同士を結ぶ交流になるし、後章で具体的に述べるように、中国からの外交的優遇を受けることができる。単なる貿易中心の民間交流とは異なるメリットがあった。そうした特色を持つ期間が、日本の古代国家の形成期に二百年余り続いたということは、日本の歴史や文化の展開に、少なからぬ意義があったというべきだろう。

その実り多い交流は、六〇〇年(推古天皇八年、隋の開皇二十年)の第一回遣隋使に始まる。隋は五八一年に建国し、六一八年に唐に滅ぼされたから、遣隋使の派遣は僅か四回で終わった。派遣を六回とする説もあるが、『隋書』煬帝《ようだい》紀の二回は記事の重複だろう。しかし四回目の派遣留学生が、六三二年(舒明天皇四年)や六四〇年(同十二年)に帰ってきたように、その交流は遣唐使時代に受け継がれていった。遣隋使は遣唐使のいわば前史として、見過ごせない重要性を持っている。

最初の遣隋使

まず遣隋使は四回と述べたが、第一回については隋の時代の歴史を記した正史『隋書』(文帝紀と倭国伝)に見えるだけで、日本の史書には見えないため、これを疑う意見もある。確かに遣隋使の場合、それ以前の交流と違って、『日本書紀』と『隋書』の記述が対応する例が多いが、必ずしも完全に一致するわけではなく、第四回の遣使は逆に『隋書』に出てこないというようなこともある。六〇〇年の遣使は、これはこれとして認めて差し支えないだろう。

この遣使に関しては、それが隋による中国統一の直後だったことが、これまでも注目されてきた。それまで百年余りも南北に分裂していた中国は、隋の文帝によって統一されたが、これは周辺諸国にとって大きな脅威となる。事実、文帝とその子煬帝は、朝鮮半島北部から中国東北部にかけて、強大な勢力を誇った高句麗を支配下に入れようと、度々軍事攻勢をかけた。中国での統一王朝の成立は、こういう事態を予想させるものとして、恐れられたに違いない。地続きではないヤマト王権にも、朝鮮諸国を通じてもたらされる情報が影響力を及ぼしたことだろう。その対応が、百年以上の空白を経た中国への遣使、第一回遣隋使になったと考えられる。

遠来の使節を珍しく思ったか、隋の文帝は官人に命じてその風俗を問わせた。『隋書』には、倭国の使者が「倭王が天を兄、日を弟にしており、日の出前に政務を取り、日が出ると、やめて弟に任せる」と述べたのに対し、「全く筋が通らない」といって、訓《おし》え改めさせたとある。

このやりとりで興味深いのは、それが行われた場所である。隋の文帝は都を長安(今の陝西《せんせい》省西安)に置いたが、早くから陝西の奥地、麟游《りんゆう》県に仁寿宮《じんじゅきゅう》という離宮を造営させ、長く滞在することが多かった。通常、避暑のためといわれるが、厳冬の時期を挟んで、期間は一年以上にも及ぶことがあり、政治的に特別な意味があったのだろう。第一回遣隋使が訪れた前後も、文帝は開皇十九年(五九九)二月に仁寿宮に到着、翌年九月までここに留まっていた。皇帝の滞在中は廷臣たちも大挙して仁寿宮に移り、政務はここで取られたのである。断言はできないが、先のやり取りは、役人を介したものとはいえ、仁寿宮で行われた可能性が極めて高いといえるだろう。

六〇〇年正月に高句麗と突厥《とっけつ》が朝貢しているが、その時同時に日本の遣隋使も仁寿宮を訪れたかもしれない。もしそうとすれば、西安から直線距離にして西北西に一一三キロメートルの地に、極寒の中赴いたことになる。仁寿宮の造営に当たっては寒さのため役夫に多数の死者を出したことが分かっているが、遣隋使一行にとっても寒中の山路は辛苦の連続だったであろう。

アメタリシヒコとは誰か

なお、この時の使いが『隋書』で「阿毎多利思比孤《あめたりしひこ》」の使者とされているので、これが当時の君主の名や一般的な称号であるとする意見が昔から有力だが、これに続く使者の言葉とともに、あまり額面どおりに受け取るのは考えものである。そもそも古代の中国文献については、これを全面的に信頼できるものとして一字一句を取り上げ、日本側史料の批判に使う研究者が少なくない。しかしそれは極めて危険であり、中国文献が正しいという保証はない。むしろ外国に関する知識が通訳や翻訳を介して伝達された場合、なんらかの誤りが生じるのが普通である。それは近世初期のキリスト教宣教師や、江戸時代、長崎に来航していたオランダ人、あるいは明治初年の外国人などの書き残したものをみれば、一目瞭然である。

この記述についても、古く辻善之助の述べた解釈が見直されてよいだろう（辻善之助『増訂 海外交通史話』）。辻は、遣隋使となった小野妹子の祖先が「天帯彦国押人命《あめたらしひこくにおしひとのみこと》」だったところから、対応した隋側が君主の名と間違って記録したと解している。第一回の使いは小野妹子とは考えられないが、『隋書』が第一回遣隋使の記事に懸けて記していることがらは、先の文帝とのやり取りを除くと、二回目以降の遣隋使や、倭に使いした裴世清《はいせいせい》の報告をもとに再構成していると考えられ、「阿毎多利思比孤」も第一回の使いが言ったことに限定する必要はない。アメタリシヒコが小野妹子の祖先の名と合致するのは、全くの偶然とは考えにくく、隋との情報交換に何かの行き違いか作為があったと見たほうがよいだろう。

また、同じ箇所に倭王の称号として見える「阿輩雞彌」も種々の解釈を呼んで来た語だが、オキナワを「阿児奈波」（『唐大和上東征伝』）、オオシコウチの姓を「阿輩台」（『日本書紀』『隋書』）と書く例などから押して、「オホキミ」と読むべきである。その点、これは当時の君主の称号にふさわしい。

日出づる処の天子

こうして始まった隋との交渉は、第二回の使節（六〇七年、推古十五年、隋大業三年）がもたらした国書をめぐって、大きな外交問題を引き起こした。文帝の遺志に背いて帝位についた煬帝は、倭国の国書に次のようにあるのを見て激怒し、以後こういう「無礼」な国書は取り次ぐなと命じたという。

日出づる処の天子、書を日没する処の天子に致す。恙《つつが》無きや。

中国王朝の皇帝は、天から委任された唯ひとりの人として、文化の中心である中華と、その周辺の蛮人たちに君臨している建前である。その蛮人の一つである東夷の倭が、天子を名乗ることは、儒教的な秩序(礼)に背く「無礼」なことだった。隋との対等関係を打ち出した倭の姿勢が煬帝の怒りを買ったわけである。

なお、誤解のないように断っておくと、かつては「日出づる処」と「日没する処」という対照的な言い回しに、倭の隋に対する優越意識を見る解釈が普及していた。この説明は一見まことしやかだが、「日出づる処」「日没する処」は仏典の『大智度論《だいちどろん》』(巻十)に使われている表現を借用したもので、「東」「西」の文飾に過ぎず、とくに優劣の意味は込められていない(拙稿「日出処・日本・ワークワーク」『遣唐使と正倉院』所収)。第一回の遣使で仏教再興の盛んな様子に接した倭としては、信仰を共有していることを示そうと、『大智度論』の言葉を使ったのかもしれない。

また「天子」の語を使ったことに関し、第一回の使者の説明を重視して、はじめ天を兄としていた倭が、その不都合を隋に指摘され、天の子、すなわち「天子」に改めたのだという主張をする人もある(川本芳昭「隋書倭国伝と日本書紀推古紀の記述をめぐって」)。しかしいくらなんでも、倭が「天子」の語を使うのにそれほど無邪気だったとは考えられない。仏教を尊んでいた倭にとって、インドから見れば隋も倭も同格とする意識があったとする研究者もあり(石上英一「古代東アジア地域と日本」)、倭はそういう考え方で「天子」号を使い、仏典による修飾を取り入れた国書を用意したのだろう。

敬意表現に変わる倭の国書

煬帝は倭のこういう姿勢を見て、倭の国情を知る必要を感じたと思われる。現在でいえば外務省に当たる鴻臚寺《こうろじ》の掌客(外国使節への対応係)で文林郎(日本の律令制の初位相当)だった裴世清を、帰国する倭の使い、小野妹子らにつけて遣わした。裴世清は年こそ若いが名家の出であり、向こう見ずともいえる態度を取った倭を手なずける使命を負い、期待を担って来日したと考えられる。

その裴世清が伝えた煬帝の書は、「皇帝、倭皇を問う」で始まり、倭王を完全に臣下扱いしたものだった。小野妹子も煬帝から書をもらっていたが、百済で盗まれてしまったという。むずかしい立場に置かれた小野妹子が、煬帝からもらった書を握りつぶしたのが真相だろう。こちらの書は、妹子に宛ててその忠誠をほめ、官職などを与える趣旨ででもあったのだろうか。裴世清来日時の様子は、『隋書』と『日本書紀』で異なって伝えられているが、これは隋、倭それぞれの立場による修飾や改変の結果だろうから、本当のところは分からない。しかし、間違いないのは、隋の意向に配慮して倭が軟化したことである。

裴世清を送って、もう一度隋に向かう小野妹子に託された国書が、それを示している。この国書は、「東の天皇、敬《つつし》みて西の皇帝に白《もう》す」と書き出され、「謹みて白す」で結ばれる。天皇号の使用はまだのちのことで、原文ではおそらく「大皇」(または大王)とあっただろう。内容はご機嫌伺いの域を出ないが、当時の君主同士の礼からいえば、明らかにへりくだって敬意を表わす書式である。すなわち、先の国書の「致書」が対等関係を示すのに対し、「敬白」は相手を上に立てた表現だし、書き止めの「謹白」も上位の人に使われる。

仏教文化を求める

一世紀を超える断絶を経て再開された中国との直接交流は、一つの大きな特色を持っていた。それは仏教文化の受容に対する倭の側の熱意である。これをよく示すのが、『隋書』に残された第二回遣隋使の次のような言葉である。

聞く、海西《かいせい》の菩薩天子、重ねて仏法を興すと。故に遣わして朝拝せしめ、兼ねて沙門数十人、来って仏法を学ばしむ。

「海西の菩薩天子」は、言うまでもなく隋の皇帝を指し、皇帝が仏教を再興したと聞いたので、使いを送り、数十人の僧侶を留学させたいというわけである。

この遣隋使が到着した時、初代の文帝はすでに亡く、煬帝の世になっていたが、この二人は共に熱心な仏教信者で、菩薩戒《ぼさつかい》という戒律を高僧から受けていた。とくに文帝は、北周の武帝が行った激烈な仏教弾圧の後を受けて、仏教の教えや寺院の再興に力を尽くした人物であり、「重ねて(再び)仏法を興す」といわれるのに相応しい。すでに隋での仏教興隆につき情報を得ていた倭は、文帝を念頭において、この申し出をしたものだろう。しかもこの時、隋には「沙門数十人」が留学を希望していた。『隋書』がこの点にふれたのは、留学者の多くが、沙門で占められていることに注目したからであろう。仏教興隆のさなかにある隋に仏教を学ぶものを多数送りこむ、そこに遣隋使の大きな役割があった。こうした仏教への傾斜は、おそらくこの使いに限ったことではなかったと思われる。

これはもちろん国内情勢と深い関わりがある。当時は蘇我氏に支持された推古天皇が、蘇我馬子と甥の聖徳太子に政治を委ねていた。推古朝政治の特色は、大化改新以降に完成する中央集権的な体制が芽生え発展しつつあったところに求められることが多い。冠位十二階の制定や、中央での官司《かんし》制の発展、全国的な屯倉《みやけ》の設置など、そういう面があったことは確かだが、もう一つ見逃してならないのが、仏教への著しい肩入れである。

たとえば蘇我馬子が崇峻《すしゅん》朝から飛鳥中心部に造営を始めた法興寺(飛鳥寺)は、最初の本格的寺院であり、推古朝に主要部が完成する。やや遅れて斑鳩《いかるが》に法隆寺が、難波に四天王寺が作られた。法隆寺は、規模こそ法興寺に劣るものの、聖徳太子の斑鳩宮とセットで造営された点で異色である。皇子の宮とはいえ、主だった為政者の居住空間と、その寺とが並存するのは、他に例がなく、仏教への並々でない傾倒ぶりが窺える。わずかに舒明天皇が、百済宮と百済大寺をあわせて作らせたのが、太子の構想を継承したものと思われるが、その後は絶えて類例を見ない。法隆寺という寺名も、法興寺と一対をなし、仏法興隆の理想を表したものだろう。

憲法十七条と仏教

推古朝の半ばを過ぎるまで、いわば仏教偏重の時代だったことは、太子が推古十二年(六〇四)に作ったとされる憲法十七条によく表れている。この憲法は役人たちのための服務規律ともいうべきものだが、「和を以て貴しとなす」という第一条ばかりが有名で、意外に見落とされている点がある。それは第二条「篤く三宝を敬え」と、第三条「詔《みことのり》を承っては必ず謹め」の順序である。第二条は、仏教を熱心に信仰せよという趣旨、第三条は君主の命令が絶対であることを述べるが、国家体制の中央集権が進み、仏教が国家の管理下に入った時期なら、このような条文排列が行われるとは考えられない。第二条と第三条は、当然順序が入れ替わるべきだし、場合によっては、第三条が冒頭に来てもおかしくないだろう。

この憲法については、太子の自作であることはもちろん、推古朝のものとすることすら、強い否定意見がある。とくに、推古朝にはまだ確立していなかった、中央集権体制を前提にしないと、理解できない条文が多いとされてきた。しかし先にも述べたとおり、この時代は、すでにその初期段階に入って来ている。むしろこの条文排列一つをとっても、とても七世紀後半以降に構想されたものとは思われない。すでに推古朝末期の推古三十二年(六二四)四月には、僧侶の犯罪事件をきっかけに、僧尼や寺院を統制する制度が発足するが、仏教を至上のものとするこの憲法は、細部にのちの修飾があっても、大筋はそれ以前のものと見て間違いないだろう(拙稿「聖徳太子の時代」『日本古代史料学』所収)。

崇峻朝から推古朝にかけて、「法興」という年号が、少なくとも聖徳太子周辺で使われていたことも、法隆寺金堂釈迦三尊像の光背銘(六二三年ごろ)からわかるが、それもこうした情勢にふさわしい。第二回遣隋使の携行した国書の「日出処」「日没処」が、仏典の『大智度論』によることは偶然でなかったというべきである。

推古朝の国内情勢を述べるのは本題ではないので、これくらいに止めるが、こうした中で遣隋使に仏教的使命が期待されたのは肯ける。中国に学んで中央集権体制を築くという構想が、本格的に具体化するのは、隋からの帰還者が増えてからではなかったか。推古三十一年(六二三)七月、新羅《しらぎ》経由で帰国した留学者たちが、今更のように「大唐国は法式備定の珍国なり。常に達《かよ》うべし」と報告しているのは、その意味で注意される。これは王朝が隋から唐へ変わって、中国の偉大さがわかったというのでは、もちろんあるまい。遣隋使の派遣に当たり、国家制度を学ぶことが優先課題ではなく、むしろ留学がその方面への目を開かせたことを物語っているように思う。

外交使節としての遣唐使を考える

さてそれでは、これまで見てきたような遣隋使の歴史と特徴は、遣唐使とどう関わるだろうか。まず重要なのは、中国と外交的にどうつきあうかという問題である。第二回の遣隋使は隋との対等関係を主張したが、それは成功しなかった。しかし、この問題はこれで解決したわけではなく、唐代になっても尾を引き続ける。それがどのように展開したかは、遣唐使を考える基本課題といってよい。

もう一つの問題は、仏教から進んで、中国との交流に何を求めたかということである。ただこの面は、第二章、三章で詳しく取り上げるので、ここでは遣唐使の外交使節としての性格を、時代を追ってみておくこととしよう。

一口に遣唐使といっても、二百年以上にわたる歴史があるから、唐、日本、あるいは東北アジアの情勢に応じて、様々な変化があった。それらを加味して、遣唐使の歴史を区分するとすれば、次の三期に分けるのがよいだろう。

第一期は、六三〇年(舒明二年)の第一次から、六六九年(天智八年)の第七次までである。そのころの朝鮮半島では高句麗・百済・新羅の三国が対立しており、この情勢を背景に、朝鮮半島を直轄支配しようとする唐と、朝鮮諸国に対する影響力をこれまでどおり維持したい倭との間に、深刻な対立が生じてくる。やがて新羅と結んだ唐が朝鮮半島に出兵、百済を滅ぼす中で、それは唐との直接軍事衝突にまで至った。

六六三年（天智二年、唐龍朔三年）、倭は唐・新羅の連合軍に完敗し、ついに朝鮮半島から撤退する。さらに同様にして高句麗が滅ぼされるに及び、倭は唐に対し、恭順の意を表明する使いを送った。六六九年（唐総章二年）の遣唐使である。唐の記録では、この使節を、高句麗平定を賀するものであったと記している（『新唐書』日本伝）。そのあと三十年にわたり遣唐使の派遣は断絶した。倭は唐の進攻に備えつつ、息を潜めて唐の出方を窺うことになったわけである。

対立と腹の探りあい、そして直接対決へ――第一期

この時期の遣唐使について言えるのは、外交的軍事的比重の大きさである。そのことは、第一次遣唐使（六三〇）を巡る動向に、すでによく表れている。大使の犬上三田《いぬがみのみた》耜《すき》が帰国するに当たり、唐の太宗《たいそう》は送使として高表仁《こうひょうじん》を送り込んできた。高表仁は六三二年に都に入っている。『日本書紀』は難波津《なにわづ》での饗応と帰国のことしか記さないが、『旧《く》唐書《とうじょ》』の伝えるところによれ

ば、その滞在は決して平穏なものではなかった。高表仁は皇帝の命で「之を撫す」るために赴かされたのであり、しかも遠国をてなずける才なく「王子と礼を争い、朝命を宣べずして還」ったというのである。

これより先、太宗は、倭から唐への道のりが遠いのを憐れみ、倭が毎年朝貢しなくてもよい旨を役所に指示していた。倭にとっては新興の唐の情勢を窺う使節だったろうが、唐ははじめから倭を臣下とみなし、朝貢すべき存在と位置づけていたことが分かる。太宗はこのことを倭に徹底させ、懐柔する意味で高表仁を派遣したのである。しかし、高表仁は「朝命」を伝えるどころか、迎接のあり方で倭と対立した。「礼を争った」というのがそれである。これは倭が、唐使を宗主国の使いとして扱わず、臣下の蕃夷とみなしたことを意味する。『日本書紀』では難波津の客館で神酒を饗したことが見えるが、古いしきたりを残すとみられる『延喜式《えんぎしき》』(玄蕃寮《げんばりょう》)には、新羅の使いに大和・河内・和泉・摂津などの諸社で醸造した「神酒」を賜る規定がある。高表仁への賜酒も同趣旨のもので、唐使を蕃夷扱いした証拠といえよう。時の朝廷は、第二回遣隋使の方針に立ち返り、中国と対等ないしそれ以上の関係を主張したことになる。

この対立がどのように収拾されたかは不明だが、中央集権的な国家形成を本格化させた大化改新以降の倭にとって、唐との交流は必須である。唐としても朝鮮半島に影響力を持つ倭は、無視できない存在だった。両国の関係は決定的な破綻には至らず、腹の探り合いが続くこととなる。

倭の首脳部が日唐関係をいかに重視していたかは、政界の実力者中臣鎌足《なかとみのかまたり》が、その息の定恵《じょうえ》を唐に送ったことからも知られる。第三章でも扱うように、七世紀の中国への遣使は、大使の人選一つを取っても、大豪族の出身者は見られず、全体に実務色の強いものだった。留学者の顔ぶれも、知られる限り渡来系氏族出身者がほとんどである。その中にあって、政権の中枢にいた中臣鎌足の息が、僧侶の身分ではあれ、実際に入唐しているのは、偶然ではないだろう。

六六〇年代になると、朝鮮半島情勢の緊迫によって、遣唐使も平穏ではありえなくなる。六五九年の第四次遣唐使は、おりしも唐高宗が百済征討を実行しようとする矢先に唐に着いたので、唐朝政府は遣唐使を長安に禁足し、ことが一段落する翌々年まで帰国を許さなかった。その経過がわかるのは、使節の判官《はんがん》だった伊吉博徳《いきのはかとこ》の記録が『日本書紀』に引用されて残っているためである。遣唐使人たちも、今の我々がするように、旅行の経過を日を追って記録していた。完全な形で伝わるものはないが、年代の古いものでは、『天平勝宝二年遣唐記』というものが引用されて残る（『弘決外典抄《ぐけつげてんしょう》』所引）。ほんの僅かな断片だが、遣唐使の正式な帰朝報告の一部だろう（拙著『遣唐使船』一六〇頁）。

唐と倭の直接対決と倭の敗戦後は、戦後処理のため頻繁に唐と交渉があった。遣唐使としては第五次、第六次がそれだが、この時期の交渉は、当然のことながら百済駐留の唐軍との間でなされており、第六次などは唐の本土には赴いていないだろう。この交渉の中で、多くの捕虜が送還されてきたが(直木孝次郎「百済滅亡後の国際関係」)、帰れなかった人も多かったらしく、六九〇年(持統四年)になってようやく帰還できた大伴部博麻《おおともべのはかま》のような人物もある。

ともあれこうしたやり取りのゆきつく先が、すでにふれた六六九年の第七次遣唐使だった。ここで日唐の対立は一段落を迎える。

朝貢の下での安定——第二期

第二期は三十年の空白を隔てて、七〇二年(大宝二年、周長安二年)に始まり、七七七年(宝亀八年、唐大暦十二年)までである。唐の高宗《こうそう》の后、武照《ぶしょう》(いわゆる則天武后《そくてんぶこう》)が唐に替わって周朝を立てていた時期に再開された日唐交流は、その前とは一変して、唐に日本が朝貢する形になった。日本は唐に対し二十年に一度朝貢する約を結んだと考えられる。この方針転換は、もちろん先の敗戦を受けたものであって、従来の「倭」を捨てて「日本」国号を使用するようになるのも、これと関連する動きだった。一方、こうした方針のもと、日唐関係は安定期に入り、とくに日本にとって実り多い結果をもたらすことになる。

ところでこの時期について、遣唐使は国書を携行せず、唐と対等の関係で臨んだとする説が、かつては有力だった。たとえばはしがきでふれた森克己氏の見解はこうである（『遣唐使』七六頁）。

遣唐使はわが国書を唐帝に捧呈して彼の機嫌を損ねることを考慮し、国書を携えなかった。それがついに先例となって、遣唐使時代を通じて国書を携行しなかったものであろう。

また、唐からの国書については、

遣唐使たちはたとえ唐帝より国書を与えられても、その国書の書式がわが外交の理想と背馳するので、朝廷に進めずこれを握り潰すのを慣例としたものではなかろうか。

とする。蕃夷扱いの国書は、国内で摩擦を生じるというわけである。

しかし、遣唐使が国書を持参していたことは西嶋定生氏の研究で明らかになった（「遣唐使と国書」)。問題はその書式だが、西嶋氏の研究は推測を提示するだけにとどまった。しかしそれを推定させる史料が、思わぬところに潜んでいたのである。唐の天台山の僧、維蠲《ゆいけん》の書状がそれである。

国書の内容が推定できる史料

遣唐使の時代、八世紀の終わりごろになると、留学する僧侶に託して、宗門の疑義を唐の仏教界に尋ねることが行われた。あるいは同様なことは古くから行われていたのかもしれないが、現在伝わっているのは、日本の天台宗からのものである。その疑問と回答は『唐決《とうけつ》』と名付けてまとめられ、江戸時代には出版もされている(『唐決集』)。内容が教義上のことだから、あまり開けられることのない史料だが、私はたまたまこれを通覧していて、維蠲の書状に出会い、その中に興味深いくだりを見つけた。それは次のようなものである。

六月一日、天台山の僧維蠲《ゆいけん》、謹んで書を郎中使君《ろうちゅうしくん》閣下に献ず。維蠲言《もう》す。(中略)南岳の高僧、思大師《しだいし》、日本に生まれて王となり、天台の教法、大いに彼の国に行わる。是を以て、内外の経籍、一に唐に法《なら》い、二十年一来の朝貢を約す。貞元《ていげん》中、僧最澄来たり、僧道邃《どうすい》の講義を為すに会う。陸使君《りくしくん》、判印を給し、国に帰りて大いに玄風を闡《あきら》かにせり。去年、僧円載、本国の命を奉って、太后の納袈裟《のうけさ》を送り、大師の影《えい》に供養し、聖徳太子の法華経の疏《しょ》、天台の蔵《くら》に鎮《やす》んじ、衆の疑義五十科を齎《もたら》して来たり問い、欠くる所の経論を抄写せり。禅林寺の僧、広脩《こうしゅう》の答うる一本、已《すで》に前使李端公の判印を蒙ること竟《おわ》んぬ。維蠲の答うる一本、并《あわ》せて経論の疏義三十本を付す。伏して乞うらくは、郎中、賜うに判印を以てせられんことを。(下略)

この内容を現代語に訳せば、次のようになる。

六月一日、天台山の僧維蠲が、謹んで手紙を台州の長官閣下に差し上げます。私は申し上げます。(中略)南岳(衡山《こうざん》)の高僧、慧思《えし》大師は、日本に生まれて王となり、天台宗の教えは、大いに彼の国に行われています。そのため、仏教や儒教の書籍は、もっぱら唐を手本とし、二十年に一度、唐に朝貢することを約束しています。貞元年間(貞元二十年)、僧最澄が来て、天台山の道邃が講義しているのに出会いました。当時の長官の陸淳閣下は、経典などの持ち帰りを許可する公文書を発給し、その結果、最澄は国に帰って大いに仏教の教えを明らかにしました。去年来朝した延暦寺の僧円載は、本国の命を奉じて、皇太后(淳和天皇の后、正子)の納袈裟を送り、慧思大師の肖像に供養し、聖徳太子の作った法華経の注釈書(『法華義疏《ぎしょ》』)を天台山の蔵に安んじ、延暦寺の僧たちの疑義五十科条を持参して質問し、本国で欠けている経論を書写しました。そこで禅林寺の僧広脩が答えた一本を与えることとし、すでに前長官李端公の許可状をいただいています。さらに維蠲が答えた一本と、経論の注釈書三十本を授けたいと思います。どうか長官閣下が、正式な許可状を賜りますようにお願い申し上げます。(下略)

仏教国日本の強調

この手紙が書かれた背景には、蕃夷へ情報や物資が流出することを避けようとする唐朝の大方針がある。維蠲は日本からの疑問に答えるにあたり、禁に触れないよう、前もって台州の長官に許可を申請した。そこで強調されているのは、日本が仏教に極めて因縁深い国であり、終始唐と友好的だった事実である。最澄や円載は天台宗の僧で、彼らとの近い時期の交流が大きな比重で扱われているのは当然だが、過去に遡って慧思大師や唐への朝貢の来歴にもふれているのが注意されよう。

慧思は六世紀の高僧で、天台宗の祖師の一人に数えられる。慧思が倭の王子に生まれ変わって教化したという伝えは、早くから大陸で広まったようで、奈良時代半ばに来日した鑑真《がんじん》も在唐中に聞いていた。それは鑑真が来日を決意する一つの原因になったようである。日本への伝来については、第四章で詳しくふれる。現在から見れば不合理極まりない伝説だが、当時の人々に対する影響力は大きかった。

一方に聖徳太子は、その神秘的な力で、前世に慧思だったころ所持していた法華経を、遣隋使を派遣して取り寄せさせたという伝承も生じ、ひいては太子こそ、列島に初めて法華経をもたらした人物という信仰が、奈良時代末の日本では定着した。鑑真の弟子の思託《したく》が書いた太子の伝記(『延暦僧録』)には、はっきりと「是に於いて法華経、創《はじ》めて日本に伝う」とある。周知のとおり、天台宗は法華経を根本の教えとする宗派だから、慧思・聖徳太子は、日本の天台宗の開創に連なる重要人物にもなるわけである。聖徳太子作とされる『法華義疏』が唐に逆輸出されたのも、決して偶然ではなかった。これらの人物を持ち出すことは、唐側にも日本側にも、密接な関係を説く上で印象的だったはずである。

二十年に一度の朝貢

日唐の友好を強調するため持ち出されたもう一つの材料が、二十年に一度の朝貢である。念のため原文を挙げると、左のとおりである。

内外経籍、一法於唐、約二十年、一来朝貢

このあたりの文は原則的に四字句構成なので、このように区切って示すと、「約二十年に一回来貢する」と読むべきだという意見が出てくるかもしれない。しかしこうした構文の厳格な漢文の場合、今日普通に使う「約二十年」のような表現はそぐわないし、使われるとも思われない。「一法」「一来」と、意味は異なるものの「一」を重ねているが、これも対句を意識してのことに違いない。ここの「約」は動詞で、「約束している」と読まなければならないだろう。典籍の類は全て唐に倣うほど唐文化に憧れているので、二十年に一回朝貢することを約束しているのであり、維蠲は、このような国に回答を与えてやることには、なんら問題はないと言いたいのである。

そこでこの朝貢の約とは何かと言うことだが、唐に限らず、中国の王朝は蕃夷に対して一定の周期で朝貢をするよう促すことが珍しくない。その周期が二十年に設定されていたことを、この文は物語っていると見るべきだろう。一定の周期で朝貢させる決まりを年期制というが、日唐間にこうした取り決めのあったことを示す史料は他にない。しかし、第一期で取り上げた第二次遣唐使に対し、唐の太宗は「その道の遠きを矜《あわ》れみ、所司に勅して歳ごとに貢せしむること無」からしめたという。そもそも中国王朝が年期制を設ける場合、実際には経済的負担の大きい蕃夷からの朝貢回数を、抑制するためであることが多いが、表面的には、遠路遥々やってくる労を憐れんで設ける形をとる。いずれにせよ、唐から見た日本は、世界の東の果て、「絶域」にある国であり、朝貢について配慮が行われる素地はあった。

本来朝貢は、諸侯が皇帝に臣下として挨拶に出向く儀礼だから、毎年ないし年に何回か行うのがたてまえである。二十年という周期は、そういう常識からすれば最長といってよいが、これも日本の地理的条件を考慮した結果ならありえないことではない。現にそう思って見てみると、八世紀の遣唐使の派遣は、唐から来た使いを送り返す送使や、唐の戦乱に伴う臨時的な派遣計画を除けば、おおむね十数年に一回の割合である。年期制が設定されても、朝貢する側はそれを厳密に守る必要はなく、むしろ早めに出かけたほうが忠誠心を表す効果がある。この派遣間隔は年期制を踏まえた結果と考えれば理解しやすい。

こう考えると、二十年一貢の取り決めは、八世紀の早い段階で結ばれた可能性が高く、再開後初の大宝の使い(七〇二)か、その次の養老の遣唐使(七一七)あたりが候補となる。少なくとも天平の使い(七三三)は、第三章で述べるように日本側も朝貢の制度を整備して派遣した形跡がある。唐朝政府も、これに答えるかのように、遣唐使の到着地に中央官僚を直接派遣する、異例の対応をしている。第二期に入って、日本は朝貢の姿勢を明確にしたと見ていいだろう。

国号「日本」を使う

唐への朝貢を外交の方針としたことは、「日本」という国号の使用とも密接に関係する。これまで本書の記述では、第一期について原則的に「倭」を用い、場合によって便宜「日本」を混用してきた。しかし、日本国号の使用開始時期については、これまでさまざまな説があったのも事実である。それらは主として『旧唐書』や『新唐書』の記載をもとに立てられているが、年代を絞り込めるだけの決め手に欠けていた。ただ注意して他の史料を眺めると、絞り込みはむずかしくない(前掲拙稿「日出処・日本・ワークワーク」)。

まず、『日本書紀』の天武天皇三年(六七四)三月七日の記事に、対馬から銀が産出したことが見え、これは「倭国」で初めてのことだとある。この「倭国」は、日本全国の意であることは明らかだから、この時までは、まだ「日本」という国号は使われていなかったと見てよい。『日本書紀』の他の記事が、たいてい「日本」と書き換えられてしまっているなかで、ここはもとの言葉使いが残ったのである。一方、唐の張守節が開元二十四年(七三六)に著した『史記正義』(巻二)を見ると、

又倭国は、武皇后、改めて日本国と曰う。

とあるのが目に付く。同書の巻一にも同様な記述があり、武皇后すなわちいわゆる則天武后が、日本の国号を倭から日本に改めたという伝えのあったことがわかる。則天武后は、もと唐の高宗の皇后で、ついに新たに周王朝を建てて皇位に着き、中国史上唯一の女帝となった人物だった。中国では、女性が政治に口出しすべきでないという儒教的な偏見から、女帝の即位を認めず、則天武后と言い習わされているが、彼女はれっきとした皇帝だから、則天皇帝と呼ぶのがふさわしい。この女帝の時に派遣され、洛陽で謁見を賜ったのが、大宝の遣唐使(七〇二)だった。『史記正義』の成立は、そのころから三十年ほどしか経っていない。その記事の信頼性は高いと見るべきで、「日本」への改号は大宝の遣唐使に対して通達されたのだろう。

国号を則天皇帝が決めたように書かれていることには、違和感を持たれる読者も多いだろうが、それは皇帝が中華世界の主として、臣下の国の名を公認する権限を持つと考えられた結果であろう。ふつう国号は、蕃夷の君主が皇帝から授けられる称号の中に含まれる。後にもふれるとおり日本の天皇は、唐の冊封《さくほう》を受けてその地位を認められるという立場ではなかったが、唐にとって臣下であることに変わりはなく、国号の変更は皇帝の許可のもとになされねばならなかったはずである。『旧唐書』倭国伝にもあるように、実際は倭国のほうがその称を嫌い、日本に改めようとしたのだったが、唐側に立てば、皇帝が国号を改めたことになるのである。

「倭」は、華南の越の人を表わす蔑称らしいが(豊嶋静英「倭という名のいわれ」)、これを避けて考え出された「日本」は、いうまでもなく「日の昇る本のところ」の意である。隋への国書に使われた「日出処」と同じ発想に基づく名称であることはたやすく想像できよう。ただ、ここで見逃せないのは、「日出処」が「日没処」と対になって使われる言葉だったのに対し、「日本」が単独の称呼だという点である。ともに東方をイメージしているとはいえ、かたや「日出処」は、西方「日没処」の中国に対する概念だったのに、「日本」だけでは一方的に自らの国を東の辺国と認めたことになりはしないか。

おそらく「日本」を新しい国号に選んだ背景には、蔑称を避けて二字のすっきりした名称に変える意図に加え、中国を世界の中心とする中国王朝の中華思想に同調する意味があったのであろう。唐もまたこれを感じ取ったからこそ、改号を問題なく承認したと思われる。この点でも再開された第二期の遣唐使は、朝貢の態度を明確にして、唐を中心とする国際秩序に参入しようとしたことがわかる。

ダブルスタンダードがもたらした良好な日唐関係

当時の日本の知識人も、十分その点を心得ていた。延暦二十三年(八〇四)、第一八次遣唐使で入唐した菅原清公《すがわらのきよきみ》は、在唐中に次のような一節を含む詩を作った(『凌雲集』七二番)。

我は是れ東蕃の客、恩《めぐ》みを懐《いだ》いて聖唐に入る。

「恩み」とは唐の皇帝の恩みであり、「聖」の字を冠したのは、もちろん唐を称えてのことである。清公が完全に朝貢使の一員として振舞ったことが推察できよう。もっともそうだからといって、はしがきでも述べたように、これを額面どおりに受け取る必要はない。倭は日本と改号し、唐に仕える形をとって唐との円滑な関係を築こうとした。日本の真意は第二期の始まりと同時に完成した大宝律令によく現れている。そこでは天皇は皇帝・天子と位置づけられ、朝廷の威の及ぶ範囲は中華とされた。唐や新羅などの外国は、みな蕃夷である。唐を蕃夷として扱うのは、さすがに抵抗があったらしく、奈良時代の法律家は、唐を隣国、新羅を蕃国などと区別しているが(『令集解』公式令『古記』)、条文の本意がそうでなかったことは疑う余地がない。

同じく律令制度を取り入れたといっても、この点は新羅や渤海などとは全く異なるところで、これらの諸国では君主は皇帝の臣下の「王」であり、その命令も詔・制や勅ではなく、「教」であった。日本のようなダブルスタンダードが維持できたのは、いうまでもなく、日本が地理的に大陸から遠く、唐の目が届きにくかったからである。

なお、第二期に限らず、遣唐使に皇族が加わった例はない。これも、皇族があからさまな形で、中国皇帝の臣下として扱われるのを避ける意図が働いていたのだろう。

第二期は、こうした外交方針が効を奏して、日唐関係は極めて友好的に推移した。序章で見た留学生井真成《せいしんせい》に対する唐側の暖かい眼差しこそ、その賜物だったのである。日本は人的にも物的にも、多くを唐から吸収することができた。八世紀半ばになって、唐が安史の乱により未曾有の混乱に陥った時、訪れた天平宝字の使い(七五九)に、玄宗皇帝は武器の材料を調達して送ってくれるよう頼んでいる。これは実現しなかったが、日唐の蜜月振りを示す一挿話である。

ただ一度、危うかったのは、宝亀の遣唐使（七七七）を送って、唐から送使がやってきた時であるが、これについては第三章で述べることがあるだろう。送使の大使が海難にあって来日しなかったこともあり、決定的な対立は回避された。

変わる国際関係――第三期

つづく第三期は、性格としては第二期と大差ない。回数も平安時代前期の二回だけである。したがって第三期を立てずに済ますことも可能だろうが、とくにこれを分けるのは、この時期になって派遣間隔が二十五年から三十年と、間遠になるからである。次のような日唐交流の変質を、その背後に読み取って誤りあるまい。

第一に従来から言われているとおり、日唐の交流も百五十年を超え、ある程度の受容が達成されたことが大きく影響していよう。何十年にもわたる長期の留学者も、確かに減ってくる。また、遣唐使の派遣には、第二章で述べるとおり、出発や帰還時期の制約から来る遭難が付き物で、無事に帰還できた人数は、概算で約六割程度だった。朝貢品を始めとする渡航のための物資調達も、大きな経済的負担だったと考えられる。あえて多大な人的、物的犠牲を払ってまで、唐に行く意味が薄れたというのは、そのとおりであろう。

その傾向を助長したのが、唐を中心とした国際秩序の変化である。安史の乱が終息して一旦は落ちついたとはいえ、唐の絶頂期は過去のものとなった。異民族の圧迫や、地方軍閥の強大化で、八世紀末以降、唐朝の勢力は確実に下降線を辿ることになる。国際関係での影響は、まず新羅人による海上活動の活発化となって現われた。百済や、その後を受けた新羅は、中国大陸沿岸部との交流に積極的だったようだが、唐の勢いが衰え、平行して新羅上層部の内紛が恒常化すると、政府の統制を離れて貴族や軍閥が交易に乗り出す。九世紀前半には、張保皐《ちょうほうこう》(張宝高)のように、唐・新羅・日本を結ぶ大規模な私貿易で巨富を築く軍人も現われてきた。日本の貴族たちが求めた大陸の珍貨は、唐や新羅・渤海との正式な外交ルートによらない貿易でも、手に入る状況が生まれてきたのである。

このような私貿易は、唐の商人がこれに参入することによって、さらに拡大する。九世紀半ば以降は、新羅に替わって唐商人の活動が主となっていった。実のところ、唐商の船には新羅人も日本人も加わっており、東アジア全体を巻き込む海上活動に展開していったというのが正しいだろう。それが商業・貿易以外にも意義深かったことは、承和《じょうわ》の遣唐使(八三八)以後、実質的に派遣が途絶えた中で、円珍《えんちん》や真如《しんにょ》親王など、大陸への留学、巡礼をめざした人々が、唐商人の船を利用して旅立ち、あるいは帰国したことからも窺われる。

貞観「入唐使」の役割

その点で、遣唐使の歴史からは顧みられないが、貞観《じょうがん》十六年(八七四)に派遣された「入唐《にっとう》使《し》」(『朝野群載』巻一所収、総持寺鐘銘)を忘れることはできない。「入唐使」といえば、ふつうは遣唐使のことだが、これはそうではない。外交使節ではなく、香料や薬物を購入する使命を帯びて遣わされた使いだからである。したがってこの使いに関しては、正史である『三代実録』に記事があるものの、次のように全く簡単にしかふれられていない。

伊予権掾《ごんのじょう》正六位上大神宿禰巳井《おおみわのすくねみい》・豊後介正六位下多治真人安江《たじひのまひとやすえ》等を唐家に遣わし、香薬を市《か》わしむ。(六月十七日)

ここには大使・副使といった職階も見えないし、正六位上は外交使節としての遣唐使ではありえない低位である。下級の役人が、買物の実務のため派遣されたことがよくわかる。この内、多治真人安江が、元慶《がんぎょう》元年(八七七)八月に唐の商人崔鐸《さいたく》の船に便乗して帰国しているが、行きの渡航にも、この方式をとったのに違いない。さしずめ六月にやってきた唐の商人、崔岌《さいきゅう》の帰るのにあわせて渡航したのではあるまいか。香料と薬物は、第四章でも述べるように、日本が海外からの輸入によらざるをえない、最も重要な貿易品だった。しかし、そのような物でも、いまや商品として輸入する道が開けてきたわけである。藤原北家の一族、山陰《やまかげ》の依頼を受けて、高価な白檀《びゃくだん》の香木を購入して帰った大神御井という人物も伝えられているが（総持寺鐘銘、拙稿「遣唐使の諸問題」『遣唐使と正倉院』所収）、朝廷だけでなく貴族たちも、こうした形で唐物を入手する時代になってきたといえよう。

また、この「入唐使」で注目されるのは、貿易を外国の商人に委託するのではなく、日本の下級役人が直接関わって行っていることである。この時代の日唐関係に詳しかった佐伯有清氏は、大神巳井が留学僧円仁《えんにん》の日記『入唐求法巡礼行記《にっとうぐほうじゅんれいこうき》』に出てくる「神《しん》一郎」ないし「神御井」、その人だろうと推定された。円仁の日記によると、この人物は九世紀中ごろ、唐商人の船に便乗して、日唐間の交易に従事していたらしい。私は、先にふれた総持寺鐘銘に見える「大神御井」も、当然同一人と考える。詳しい履歴などは明らかでないが、彼らは下級役人としての地位なども利用しながら、規制の緩んだ国際情勢の中で、独自の経済活動を始めていたのだろう。貞観十六年の「入唐使」は、それに着目した朝廷の企画だった。

ここから、日本人が僧侶に限らず、ある程度自由に大陸との間を往来できる状況ができあがっていたことを読み取ることができる。この「入唐使」は、色々な面で、遣唐使の派遣が不要になりつつあった時代の様子を示してくれると言わなければならない。

寛平の派遣計画と菅原道真

こうした事態を踏まえると、承和の遣唐使(八三八)から六十年も派遣計画がなかったことも、容易に理解できる。寛平六年(八九四)に持ちあがったその計画は、当時唐に滞在していた日本僧の中瓘《ちゅうかん》が派遣を要請したことから始まった。その事情は、同年七月二十二日に太政官が出した牒《ちょう》と、公卿たちの審議を要請した九月十四日付けの状から見当がつく。これらの文は、ともに菅原道真が書いたので、今はその文集『菅家文草《かんけぶんそう》』に載せられている。二つともなかなか難解で、解釈も一定しないところがあるが、私なりに二つを総合して読み解いた結果を示そう。

まず中瓘は、太政官に、そのころ江南に勢力を振るっていた朱褒《しゅほう》が、日本に使いを出したことを述べ、遥か彼方の日本にそのようなことをするのは、朱褒の思い入れに感じ入るとはいえ、太政官で承認されるだろうかと尋ねている。この使いというのは、実は中瓘の手紙を持ってきた唐商人の王訥《おうとつ》だろう。その用件は、日本からの朝貢が長らくないが、一度朝貢使を派遣してくれ、ということだった。「決して疑うには及ばない」とする中瓘の言葉を受けて、太政官では、中瓘の情報をもとに、遣唐使を派遣せざるをえないと決断する。

「朱褒は、黄巣の乱以降、安定した支配を江南に敷き、唐帝の寵愛を受けているというし、天皇としても、そのような人物の呼びかけには喜んで耳を傾けざるを得ない。ただ、日本としてそれなりの定まった儀礼もあるから、先方の期待どおりにはならないが、それは使者に伝えよう。また朱褒から尋ねられたら、日本国内では災害も頻発していて、準備に何かと支障も出てこようから、実際の派遣は遅れることもありえることを、答えておいてほしい」。ざっとこのような内容が、中瓘に太政官から申し送られた。朱褒は日本の遣唐使が来朝すれば、それを皇帝の徳治を慕った朝貢と礼賛して、自らの政権基盤を強化するつもりだったと考えられる。日本側はこれに応えようと動いた。このように、派遣が計画されたとは言っても、もともと受身のものだったことは注意しておいてよい。

しかし、この方針は、二ヶ月ばかりの内に変化する。すでに遣唐大使に任じられていた菅原道真は、九月になって派遣を再考するよう、使節を代表して公卿たちの審議を要請した。そこで派遣中止を諮《はか》る根拠とされたのは、中瓘が伝えていた唐の国情である。中瓘は「大唐凋弊《ちょうへい》」の様を縷々述べて、朱褒の要請は伝達するものの、遣唐使を派遣すること自体には反対する意見を添えていた。それが道真はじめ、任命された遣唐使人たちを動かしたらしい。道真は、これまでも遣唐使の歴史の中で、渡海途中に落命した者や賊に殺された者など、唐の領土外で死んだ人間は少なくないと認めている。「しかし、唐に着けば、困難や危険は絶えてなかった。中瓘が知らせてきたところでは、その点が変わって来ていて、唐の国内でもこれからは何が起こるかわからない。このことをとくと考えて、公卿や博士たちに派遣の可否を判断して欲しい、これは国家の大事だから言うのであって、決して自分達の身が可愛いからではない」、と道真は主張した。

なし崩し的な停止

道真の筆になる二つの文章が、小異はあるにせよ、字句に即して丁寧に解釈されるようになったのは、比較的近年のことである(増村宏『遣唐使の研究』)。それまでは安易に当時の情勢を推測することが横行していた。藤原氏が道真を体よく追放し、亡き者にしようとしたとか、遣唐使の度重なる遭難や新羅の海賊が恐れられたのであるというのは、その一端である。また、遣唐使の「廃止」が提案されたと誤解する向きも多かった。それらが全て誤っているとも断言できないが、少なくとも今読み解いたところを振り返ってもらえば、建議の理由は極めて筋の通ったものであり、遣唐使の制度を廃止しようとするものでもなかったことは明らかだろう。

すでに述べた大きな変化が、東アジアで生じており、遣唐使の意義は低下していた。外部からの働きかけがなければ、派遣計画を立てる動きは起こらなかったであろうし、「廃止」しなくても、遣唐使は自然消滅の道を辿ったことだろう。道真たちの問いかけも、結果的にはよく当時の状況を摑んでおり、賢明だったと言うべきではないだろうか。

ちなみに、この派遣取りやめの決定は、やはり「遣唐使の停止」というのが正しいだろう。ただ、道真らの建議を受けて、いつ、どのような停止の判断が示されたのかは不明である。かつては『日本紀略』の関係記事の日付けを根拠に、寛平六年九月三十日とされてきたが、それが疑わしいことは石井正敏氏の研究で明らかにされた(「最後の遣唐使」)。道真らは数年後まで遣唐使の役職名を帯びていることや、十世紀前半に編纂された『延喜式』には遣唐使に関する条文が少なくないことを考慮すると、石井氏が言われたように、結論の出ないまま、なし崩し的に派遣停止になったというのが実情であろう。

第二章　長安・洛陽への旅

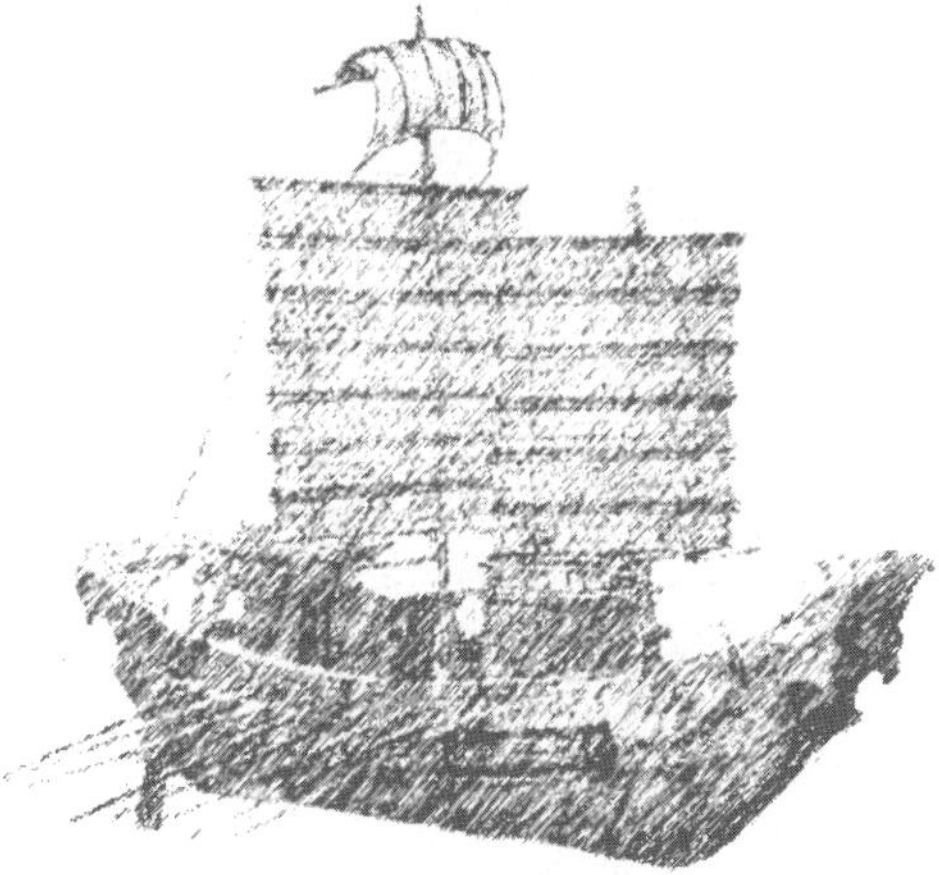

旅程とコース

遣唐使に関する話題の中で関心が高いのは、旅、とりわけ航海の苦労話である。古代では稀に見る長期の海外旅行であり、その間に多くの遭難が起こったことは有名だが、ご多分に漏れずあまり史料がないために、わかることは限られる。そこからいろいろな俗説とも言うべきものが生れ、今なお影響力の大きな説も少なくない。

たとえば、遣唐使の船旅は大変長期にわたったというのもその一つである。確かに唐への旅は長い期間を要したが、船旅は多くの場合そう長くはかからない。これなどは、難波を出発した時点から海路の旅と計算したり、五島列島(長崎県)での待機期間を含めて航海を考えてしまった結果であって、史料に細かい日程のないのを注意しなかったためである。また、遣唐使船の構造が著しく幼稚で、大洋の航海に不向きだったという誤った見方も、なお耳にすることが多い。遣唐使には外洋を安全に航海できるだけの気象知識が欠けていたとする考えについても、同じことが言えるだろう。果たして真実の旅行は、どのようなものだったのであろうか。

遣唐使の旅程は三つに分かれる。第一は都から難波に出て北九州まで、第二は北九州を出発

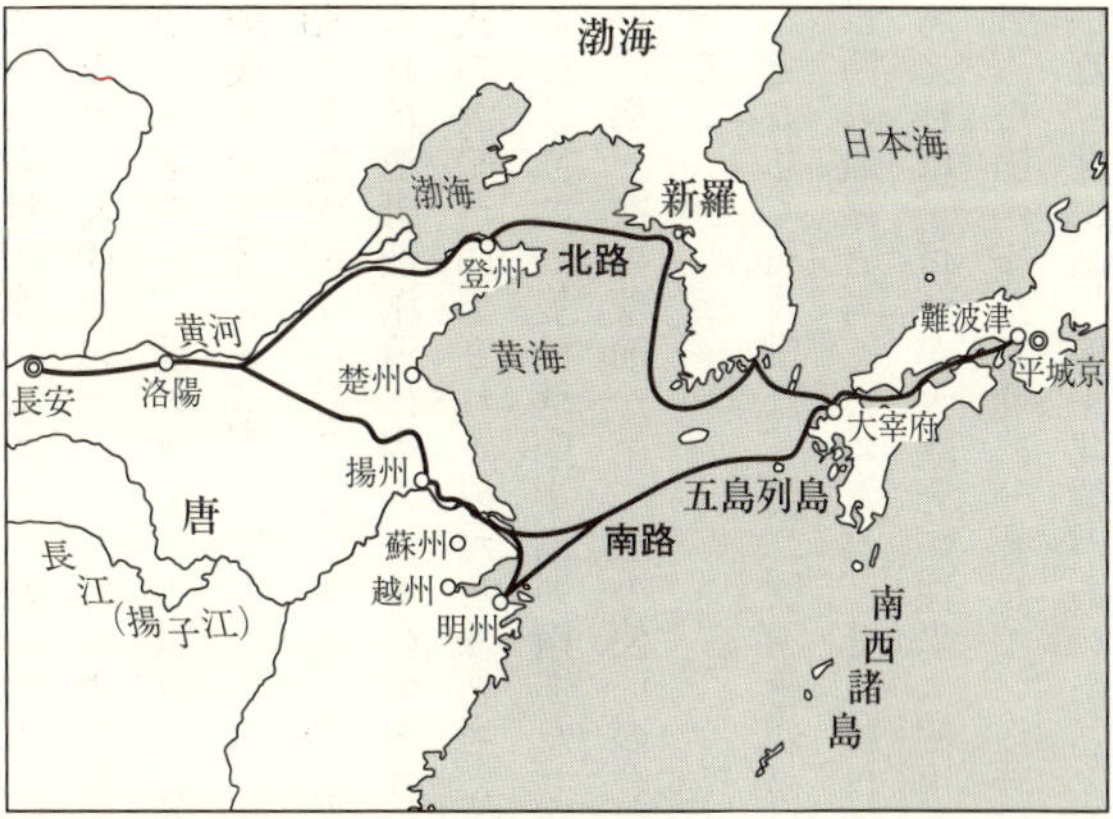

遣唐使の通った道

して大陸まで、第三は大陸内の旅行である。また、前章で述べた各時期によって、旅行のコースにも変化があった。ここでも時期ごとに検証してみよう。

北　路――新羅道の時代

第一期、七世紀の遣唐使に関しては、とりわけ残っている史料が少なく、具体的に知ることがむずかしい。しかし、その前の遣隋使についても当てはまるが、基本は往復とも朝鮮半島経由の渡航だったとみて間違いない。第三次の使節(六五四)が「新羅道《しらぎみち》」をとって唐に向かったとあること(『日本書紀』白雉五年)は、その傍証になる。この渡海ルートは、倭が大陸と交渉を持ったとき以来のものであり、渡海という点では、時間は掛かっても安全性の高いものだった。のちに南の航路がとられるようになるので、これを北路と呼ぶ。ただ、北回りのコースでは船や使節の編成も比較的小さかったと見られ、大編成の使いを送ろうとすると、別のコースを試みる必要もあったと考えられる。二船各々百二十名ほどという編成で派遣された第二次の使い(六五三)がそれである。石井謙治氏は、この三年前に「百済船」二隻が、「大匠」(大工)の倭漢直県《やまとのあやのあたいあがた》らを遣わして安芸で建造されていることに着目し、これは遣唐使派遣に備えたものであり、東シナ海を大編成の使節を乗せて航行するため、百済式の大船が用意されたのだろうと考えられた(「海上交通の技術」)。これは鋭い着眼である。ただこのうちの一隻は薩摩半島の南あたりで遭難し、この形態は恒常化するには至らなかったらしい。第三次の使節が第二次の使いの翌年に、朝鮮半島経由で派遣されたのは、そのことを裏付ける。

ところで石井氏は、第二次遣唐使の目指したコースを、八世紀以降に一般化する、東シナ海横断の航路と考えられたが、それには確証はない。むしろ百済の造船技術が導入されたことを考えれば、百済が大陸との往来に使用した航路との関連を、考慮したほうがいいだろう。百済は、中国がまだ南北に分裂していた時代から、盛んに南朝に使節を送り、親密な関係を築いていた。北に高句麗や北朝があったことからすると、その入朝コースは、百済沿岸から出航して、北朝の版図を避け、直接長江河口あたりを目指すものだったと思われる。呉国(江南地方)に遣わされた百済の使いが、推古天皇十六年(六〇八)四月、暴風にあって九州に漂着したことがあったが(『日本書紀』)、この事件は、隋代になっても百済がそのコースを使って中国と交流していたことを物語っている。

少し後のことになるが、第四次の使い(六五九)は、一旦、朝鮮半島の南端の島に至り、そこから転じて大陸へ向かっている(『日本書紀』斉明五年)。「呉唐の路」に遣わされたとあるように、大陸でも華南を目標にした旅だった。これは想定される百済の入貢路に極めてよく似ている。第二次や第四次の遣唐使は、百済経由のこうしたルートを利用したのではないだろうか。第二次の船二隻に、それぞれ「送使」が付けられているのも、百済へ送り届けるための使者とすれば理解しやすい。第四次の使いが、後のように五島列島からではなく、筑紫の「大津」(博多)から最終的に出発したことも、百済とのつながりを示すように見える。したがって、これらも広い意味での北路だったと言うべきだろう。

一方、難波から北九州までの道筋は不明だが、出航地が難波津《なにわづ》だったことは、遣隋使小野妹子の帰国経過や第一次遣唐使の帰国に伴う高表仁の来日記事から類推される。往復とも多くの積荷を運ばねばならない使節としては、難波津と飛鳥を結ぶ大和川の舟運が利用されたことだろう。隋使裴世清《はいせいせい》を連れた小野妹子一行や唐使高表仁が、このルートで飛鳥の東北の磯城《しき》地方から飛鳥に入ったことが参考になる。

通常の北路の場合、朝鮮半島に着いてからの行程も、史料がなくてわからないが、後の例から推して、黄海を横断して山東半島に上陸する船旅がとられたのだろう。たとえば、天平宝字の使節(七五九)は、当時「渤海路」と呼ばれた北回りのルートで入唐し、山東半島の開元寺に落書を残したし(『入唐求法巡礼行記』)、天平の使い(七三三)の一部は、その逆ルートで帰国を果たしている(本章後述)。

南　路——五島列島を経由する

第二期に入り、大宝の使節(七〇二)以降になると、一回につき四〜五百人あまりの編成で、船は四隻という形が定着する。渡海の航路は、北九州の五島列島から直接東シナ海を横断するコースをとった。いわゆる南路である。ただ、大宝度の史料を見ると、西本願寺本『万葉集』などに書き入れられた「国史」に、

大宝元年正月、遣唐使民部卿粟田真人《あわたのまひと》朝臣已下《あそんいか》、百六十人、船五隻に乗る。

とある。文字どおりにとれば、総勢百六十人、一隻当たり三十人余りになるが、これは人数に誤りがあり、「百」の上に「五」などが落ちているのではあるまいか。すでに七世紀代から、百二十人余りを乗せる大船が使用されたのは先に見たとおりである。またその後も、こうした小船で出かけた例は見当たらない。粟田真人が無事帰国したのち、その乗船「佐伯《さえき》」に、従五位下の位が授けられているが、天平勝宝度(七五二)の乗船「播磨」「速鳥《はやどり》」、承和度(八三八)の「太平良《たいへいろう》」にも同様なことが行われている。船名があったり、叙位が行われたのも大船なればこそだろう。大編成による派遣が、この時始まったと考えてまちがいない。

『続日本紀』には、この時の使節の報告として、最初、楚州の塩城県(江蘇省塩城)に着いたとあるが(慶雲元年七月)、これは船が東シナ海を渡ったことを示すだろう。やや問題なのは、『万葉集』に、この時のメンバーの一人、三野連《みののむらじ》の入唐を送るとして、春日蔵首老《かすがのくらのおびとおゆ》が次のような歌を残していることである。

ありねよし　対馬の渡り　海中《わたなか》に　幣《ぬさ》取り向けて　早還り来ね　(巻一・六二)

この三野連は、奈良県生駒市の古墓から墓誌の出土したことで知られる美努連岡万《みののむらじおかまろ》と考えられているが、「対馬の渡り」の解釈次第で、美努岡万の乗った船は、一旦朝鮮半島に渡ったと見られないこともない。そうなるとコースは、第二次や第四次のように「呉唐の路」となるわけである。しかし、当時はすでに朝鮮半島の大部分が新羅の統治下に入っており、以前のルートをそのまま踏襲できる条件にはなかっただろう。

そもそも「対馬の渡り」という表現からは、対馬海峡の渡航が印象付けられるのだが、後に南路の起点として現れてくる五島列島は、大宰府から対馬へ向かう重要拠点だった。『万葉集』巻一六(三八六〇番)の「志賀白水郎《しかのあま》の歌」(山上憶良)からは、博多から対馬へ米を輸送するのに、五島列島を経由していたことが知られる。そのほかにも、謀反に失敗した藤原広嗣《ひろつぐ》が、五島から新羅へ逃亡を企てた例もある。朝鮮半島へ向かうのに、常に五島列島が使われたわけではないが、五島には航海上なんらかの有利な条件があり、渡航点として存在感を持っていたと言えそうである。この点、対馬への基地として五島列島が「対馬の渡り」と呼ばれておかしくないし、美努岡万への送別歌に見える「対馬の渡り」も、そう解釈されるべきである。この時の遣唐使も、南路をとったことはまちがいないだろう(拙稿「ありねよし　対馬の渡り」)。第二期以降の遣唐使では、唐で安史の乱が起きた混乱時に派遣された天平宝字の使節(七五九)が、さきにふれたように、「渤海路」を利用しているだけである。

すでに少しふれたが、第二期になって明確に南路が採用された理由は、これまでも言われているとおり、朝鮮半島情勢の変化にあるだろう。親日的だった百済・高句麗が、相次いで唐と新羅に滅ぼされると、唐・新羅間で対立が生じ、新羅は唐との対抗上、七世紀末の一時期、倭に接近する。しかし全面的に良好な関係になったとは言えず、八世紀に入ると、新羅を蕃国とみなす日本との間に、外交的な対立が表面化するようになる。こうした一連の状況を踏まえ、新羅に頼らない独自の遣唐使派遣を目指して、南路の採用が決断されたのだろう。

「南島路」は存在しなかった

なお、遣唐使の航路については、南西諸島を島伝いに南下したのち渡海する「南島路」があったという見解が、古くから提起されてきた(木宮泰彦『日支交通史』、同『日華文化交流史』、森克己『遣唐使』)。これは定説化していると言ってもよく、近年さらに詳論も出ている(山里純一「遣唐使航路「南島路」の存否をめぐって」)。しかし、杉山宏氏が詳しく検討された結果、そのような航路があったとは証明できないことが判明した(「遣唐使船の航路について」)。南島路は存在しなかったとするのが正しいだろう。

いわゆる南島路は、南路の往復から気象条件によって外れてしまった遣唐使船が、やむをえずとった航路である。一般向けの書だったため、詳しい論拠は挙げられなかったが、青木和夫氏が早くに南島路の存在を否定されていたのは、炯眼というほかはない(『日本の歴史』三)。

船の編成・使節の権限

第二期、第三期には、こうして南路が通常の渡海ルートになったわけであるが、船の隻数も四隻に固定してゆく。大宝の使節(七〇二)の場合、前に書いたとおり、五隻だったが、これは特別の編成だったと言ってよいだろう。大宝度の使いは三十年余りの中断を経て再開されたものであり、唐との国交回復と交流の復活を、大きな使命とした。

使節のメンバーも、通常の大使の上に、遣唐執節使《しっせつし》が置かれた。これまでも大使の上に使節全体を束ねる「押使《おうし》」が置かれたことがあり(第三次)、一つあとの養老の遣使(七一七)でも置かれているが、「執節使」は前後に例を見ない。「節」は、天皇から全権を委任された印しとして賜わる大刀(節刀)であり、「執節使」はこれを携行する、いわば全権大使である。節刀の制度に関しては、遅くとも天智朝にはあったとする考えもあるが(滝川政次郎「節刀考」)、八世紀になるまで史料上に見えない。この制度は、当時完成した大宝律令に初めて設けられたと見てよいのではないだろうか。この遣唐使は、その最初の適用となったので、とくに「執節使」が置かれたのだろう。

執節使の粟田真人に節刀が与えられたのは、大宝元年(七〇一)五月のことだが、その翌月には政務を全て大宝律令によって行えとする命令が出ている(『続日本紀』)。節刀授与に先立つ遣唐使の任命記事にも、「刑部《ぎょうぶ》判事」「参河守」のような大宝律令に基づくらしい官名が見えているから、遣唐使には全面施行に先んじて、大宝律令が部分的に適用されていたと判断して誤りはないだろう。またこの遣唐使の派遣目的も、「日本」国号の承認申請を含め、重いものがある。こうした事情が重なって、執節使を頂く五隻の派遣となったと考えられる。第一期と第二期・第三期では、遣唐使の性格に大きな差が見られたが、そのことは派遣人数や船の隻数にも、影響を与えずにはおかなかったと言わなければならない。

陸路、洛陽・長安を目指す

南路をとった第二期、第三期の使節では、中国に着いてからの旅程も、北路経由とは異なってきた。南路の場合、長江河口を挟んで、北は現在の江蘇省から、南は福建省に至る沿岸が到着地となる。当時の航海は、到着地をピンポイントで絞り込むことができなかった。四隻がばらばらで別の地点に着いたことも珍しくない。そこで一行は、揚州など到着地に近い大都市に集結させられ、そこから長途の大陸旅行を経て、洛陽・長安を目指す。

揚州から洛陽までは、中国の南北を結ぶ大動脈ともいうべき大運河が開かれていたから、その間はこれを使った舟行を原則とした。長安への到着が急がれる場合、たとえば先に見た第四次の使節(六五九)は、九月に唐について後、閏十月十五日に越州(浙江省)を発って二十九日に、皇帝のいる洛陽に着いた。わずか二週間ほどである。この年は、その翌日の十一月一日が冬至に当たるめでたい日で、元日と同じ祝賀儀礼が執り行われる。使節はこれに間に合うよう、駅(はやうま)を使って上京することが許されたのであった。

もっともこの行程に関しては、通常のように舟を使ったとして、日程を読み替える解釈も提出されている(藤善眞澄「伊吉博徳書の行程と日付をめぐって」)。しかし一行の一人、伊吉博徳の記録に基づいた『日本書紀』の記事では、洛陽到着を、わざわざ「馳せて」と言っており、これは十月十五日の「駅に乗りて」に対応すると見るべきである。「朔旦冬至」の祝賀に、蕃夷の使者を一つでも多く列席させようと計った特別の措置だったのだろう。こういう例外もあったとはいえ、多くは舟行を含む長旅に二ヶ月から三ヶ月を費やしたのである。これは復路についても同じだった。

天平四年使節の場合

第二期、第三期に関しては、比較的詳しく旅程のわかる使いがいくつかある。⑴天平(七三三)、⑵宝亀(七七七)、⑶延暦(八〇四)、⑷承和(八三八)などの各使節がそれである。この内⑷については、僧円仁の日記『入唐求法巡礼行記』も備わっていて、佐伯有清氏の優れた研究と紹介があり(『最後の遣唐使』)、⑵はかつて拙著で取り上げた(『遣唐使船』)。また⑵⑷だけでなく⑶もそうであるが、遣唐使帰国時の詳細な報告が、正史に残されていて、これまでから話題になることが多かった。そこでここでは具体例として⑴を取り上げ、他の使節を参考にしながら、遣唐使の旅をたどっておこう。

天平の使節は、天平四年(七三二)八月十七日に任命された。大使は多治比広成《たじひのひろなり》、副使は中臣《なかとみの》名代《なしろ》、判官は田口養年富《やねふ》・紀馬主・平群広成《へぐりのひろなり》、秦朝元《はだのちょうげん》の四名、他に録事《ろくじ》四人がいた。以上に加え、准判官として大伴首名《おびとな》の名が知られる。大使の多治比広成は従四位上の位を持っていたが、第二期以降の遣唐使は、このように四位の大使を頂くのがふつうだった。したがって中央官庁でいえば、遣唐使という組織は、八省クラスの格付けになる。同年九月四日には、近江・丹波・播磨・備中の四国に命じて、遣唐使用の船四艘を作らせているが、この点を含め、標準的な規模の遣唐使と言えるだろう。

なお遣唐使船は、このように地方に命じて作らせるのが恒例だが、その国は一定せず、わかる限りで、ほかに周防(第八次)、安芸(第二次、一一次、一四次、一六次、一七次)がある。これらの国は良材に恵まれ、完成した船を難波に回航するのにも好都合だったのであろう。今回の場合に挙がっている四ヶ国も、建造地は瀬戸内海に面した播磨や備中で、近江や丹波は主に木材を提供させたとみられる。

準備は着々と進んだらしく、翌天平五年の三月二十一日には、多治比広成らが参内して、出発の挨拶をしている。また『万葉集』によれば、これに先立つ三月一日、多治比広成は山上憶良の宅を訪問し、出発を寿ぐ「好去好来歌《こうきょこうらいか》」を贈られた(巻五、八九四番)。この歌は長歌と反歌から成るが、憶良は長歌の中で、広成らが使命を終えて難波津に帰るまでの無事を祈って、次のように詠んでいる。

事了《おわ》り　還《かえ》らん日には　またさらに　大御神たち　船の舳《へ》に　御手うち懸けて　墨縄を延《は》えたる如く　あちかをし　値嘉《ちか》の岬《さき》より　大伴の　御津《みつ》の浜辺に　直泊《ただは》てに　御船は泊てん　恙無《つつがな》く　幸《さき》く坐《いま》して　早還りませ

「好去好来」は、中国の口語で「ごきげんよう、どうかご無事で」といった意味であり、大宝の遣唐使(七〇二)で渡唐した経験を持つ憶良にふさわしい歌である。広成と憶良の交友は、これ以外に史料がなくてよくわからない。しかしこの時期の訪問は、憶良の渡唐体験に学ぶのも目的の一つだったと考えてよいだろう。この歌の前段では、大洋の至るところにいる神々が、遣唐使の船を導き、天地の神たちや大和の国魂も大空から見守っていると詠い、それを受けて右に挙げた末尾では、その神々が船の舳先に手を添えて、大陸から一直線に値嘉(五島列島)の岬に着け、さらに大伴の御津(難波津)に停泊させるだろう、としている。

この大伴の御津が難波津を指すことは、反歌に「難波津に御船泊てぬと聞こえ来ば」とあることから明らかである。ただ、大伴の御津はもともと住吉の津を指し、遣唐使に贈られた他の万葉歌には「住吉の　御津に船乗り」(巻十九、四二四五番)とも詠まれているので、遣唐使船が住吉の津から出発することがあったように見えないこともない。しかしそれは、住吉の津が飛鳥時代よりはるか前に、重要な港として使用されていたため、名残として歌の表現に顔を出しているに過ぎない。「住吉の御津」や「大伴の御津」は、もはや難波津の別名になっていたといってよいだろう。実際は難波津が拠点になっていたと見ることに異論はない。そうなると第二期以降の典型的な航路が、ここに詠み込まれているわけだが、これは憶良自身がたどったルートでもあっただろう。五島列島は本州の最西端に位置し、大陸に最も近く、中世以降も大陸との窓口となっていく。

遣唐使船と住吉の神

ところでこの歌に、神々の守護が詠まれているのは偶然ではない。『延喜式』に見える遣唐使の職員の中には、「主神《しゅしん》」という職がある。和語で言えばカンツカサであり、航海中、遣唐使船に祭られていた住吉の神に仕え安全を祈る職だった。住吉大社に祭祀される底筒男《そこつつのお》・表筒男《うわ》・中《なか》筒男の三神は、古くから航海と外征の守護神として朝廷の信仰を受け、かつて栄えた住吉の津の近くに祭られたが、遣唐使の時代まで、その信仰は受け継がれてきた。

遣唐使船に設けられた祠のことは、円仁の『入唐求法巡礼行記』に初めて見えるが、もとより七世紀に遡るだろう。主神には、住吉大社を祭祀する家柄として有名な津守《つもり》氏が代々任じられたようで、宝亀度(七七七)の主神、津守国麻呂の例が知られる。天平の使いに関しても、『住吉大社神代記』の末尾に見える津守客人《まれひと》という人物が注目される。この人は、天平三年七月五日、『住吉大社神代記』の末尾に署名を加えているが、その肩書きは「遣唐使神主」である。「主神」も「神主」も和語では共にカンツカサだから、客人も遣唐使の主神と見てよい。ただ、第一〇次遣唐使の任命が、先に書いたように天平四年だったことからすると、それに先んじて主神が出てくるのは少し不審である。養老度の主神だったとすると、二十年近く後まで主神を名乗っていることになる。

むしろ遣唐使の計画が、大使らの任命されるかなり前から進行していて、主神の人選は早くに決定していたと解してはどうだろう。津守客人が実際に渡唐したかどうかは定かでないが、住吉の神や津守氏との深い関係を、ここにも見ることができる。このほか『津守家譜』に、津守池吉《いけよし》が養老度(七一七)の「神主」となって入唐したとあるが、「池吉」という名は八世紀の名としてやや違和感があり、伝説の域を出ない。

なお、遣唐使の船が出る難波津と住吉の神の関わりにも、ふれておいたほうがいいだろう。『延喜式』には、「唐使」(遣唐使のこと)を遣わす時、住吉の神に奉幣して読み上げられる祝詞《のりと》が載せられている。

皇御《すめみ》孫《うま》の尊《みこと》の御命《おおみこと》もちて、住吉に辞竟《ことお》えまつる皇神等《すめがみたち》の前に申したまわく、「大唐《もろこし》に使遣わさむとするに、船居《ふない》無きによりて、播磨国より船乗るとして、使は遣わさむと念《おも》ほしめす間《ま》に、皇神の命もちて、船居は吾作らむと教え悟したまいき。教え悟したまい、那我良《ながら》船居作りたまえれば、悦び嘉《うれ》しみ、礼代《いやしろ》の幣帛《みてくら》を、官位姓名に捧げ齎《も》たしめて、進奉《たてまつ》らく」と申す。

遣唐使を派遣するのに、適当な「船居」(停泊場所)がなかったので、天皇が播磨から乗船させようかと考えていたところ、住吉大神が「那我良船居《ながらのふない》」を作ろうといって実現したので、それに感謝するという祝詞である。住吉大社の古伝を書きとめた『住吉大社神代記』には、これに対応する記事があり、そこには「長柄船瀬《ながらのふなせ》」とある(田中卓『住吉大社神代記の研究』、同「祝詞「遣唐使時奉幣」について、古来の誤解を正し、難波津の位置と成立時期を確定する」)。確かに難波の「長柄」を「那我良」と書くことがあり(『薬師寺縁起』所引「流記帳」)、同じ施設とみてまちがいない。

遣唐使船の停泊地

この停泊場所は、長柄という地名からも明らかなように、上町《うえまち》台地の北側にあった。『住吉大社神代記』には、その範囲が記され、東は「高瀬・大庭《おおば》」、南は「大江」、西は「鞆淵《ともぶち》」、北

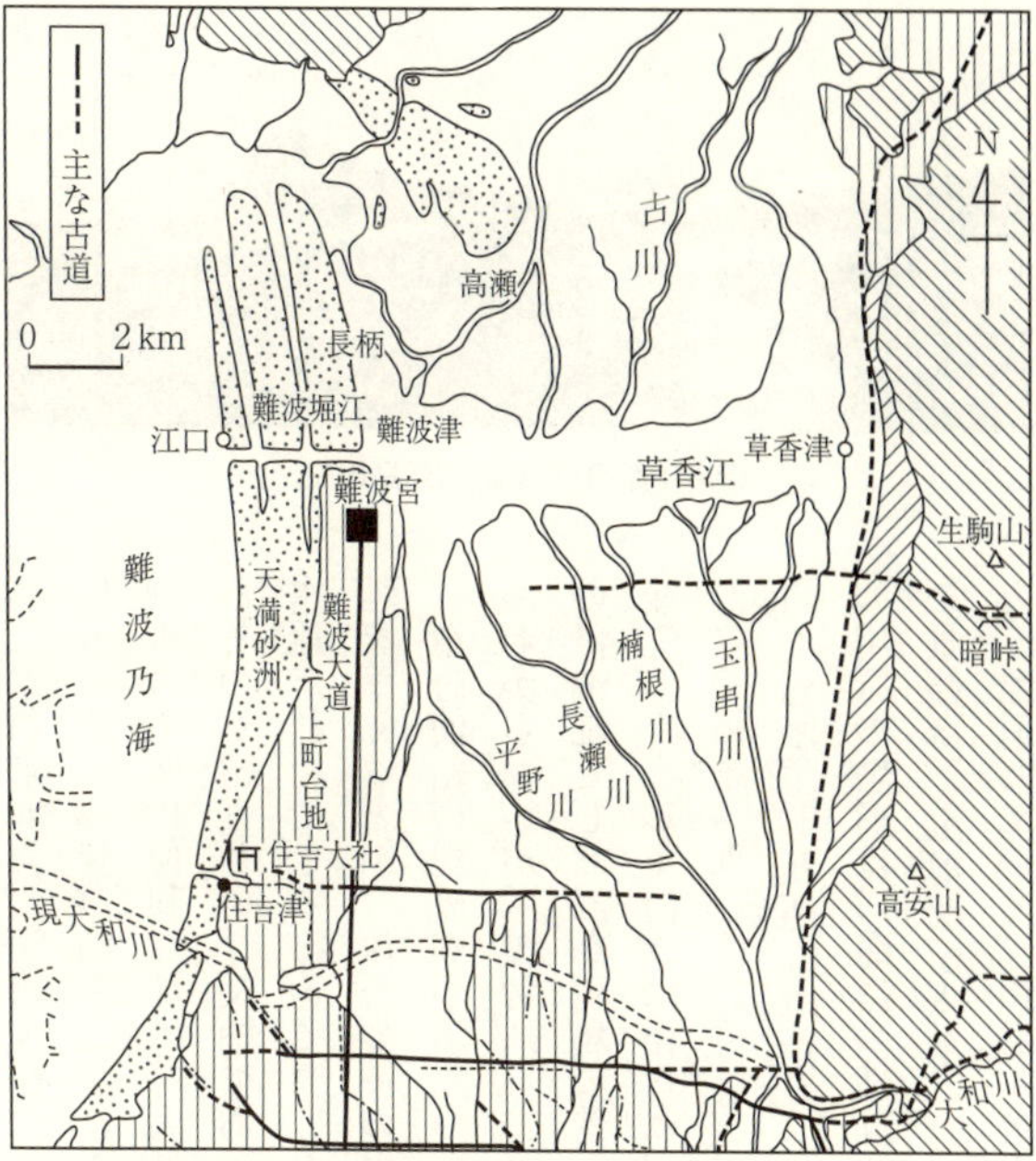

古代の難波津．日下雅義氏の原図（『古代景観の復原』）を改変

は「川岸」とある。古代の大阪は、上町台地の東に入海があり、河内潟を作っていた。したがって地形が現在とは大きく異なっているが、地名の検討から、大阪湾と古代の河内潟を東西に結んでいた難波堀江の東側、河内潟の北西部を占めていたと推定できる。南限の「大江」は河内潟の北辺で、広域にわたるのは、後背地を含むからだろう。

『神代記』によると、この船だまりでは、「遣唐貢調使」の「船舫」に「調物を積む」

遣唐使船の停泊地（福江島川原）

ことが行われた。遣唐使船には、唐への朝貢品だけでなく、ほかにも多くの物資が積み込まれなければならなかったが、それには物資の集散に便利な地に、大型の外洋船の停泊できる船だまりがあるのが望ましい。長柄であれば、大和川、木津川、瀬戸内海の水運が利用できる打ってつけの地だが、掘削して水深の深い接岸地を築くことが、住吉の神の力を頼んで行われたのであろう。

遣唐使船の規模が不明なので、どのくらいの水深を必要としたかわからないが、参考になるのは、第二期以降の遣唐使船が最後の停泊地とした五島列島の港の状況である。古代の港は砂堆の背後(ラグーン)や河口に作られ、比較的浅いものとする説が有力だが(日下雅義『古代景観の復原』)、それは古代の外洋船に関しては疑問である。上五島町の青方《あおかた》・相河《あいこ》(『続日本紀』の合蚕田《あいこだ》)や福江島の川原の地形は、海岸の切り立った深い良港を形成している。この景観は、渤海船が入港した石川県の福浦《ふくら》港(『続日本紀』の福良)とも酷似している。川砂が流入しやすい河内潟では、同様な港湾施設を作ろうとすれば、かなりの難工事になっただろう。工事の実年代がいつかは明らかでないが、少なくとも遣隋使の時代までは遡るはずである。古代の河内潟の沿岸には、ほかにも某津と呼ばれる泊りがあったが、長柄船瀬は単独で史料上に現れることがほとんどない。それはこの港が難波津の一部だったためで、むしろ大船を泊める長柄船瀬こそ、難波津の主要施設だったと考えるべきである。

なお、先の祝詞は、『延喜式』(臨時祭)に見える「遣唐の船居を開く祭」と関係があるだろう。この祭は、神祇官が住吉社に使いを出して行わせるもので、おそらくその使いが先の祝詞を奏上したと考えられる。遣唐使船が出発の準備を始めるたびに、船居開きを行うという体裁をとって祈願したのである。また、祝詞の字句に「大唐」とあり、『住吉大社神代記』に「貢調」とあるのは注意されるところで、正史や『延喜式』(大蔵省)の記事と違い、かえって率直に当時の外交関係を反映した言い回しになっているのが興味深い。

無事を祈る歌を贈られたのは、広成のような主要メンバーに限られたわけではなかった。この時の使いに関わる歌は、「好去好来歌」を含め、四件も『万葉集』に残されている(八九四、一四五三、一七九〇、四二四五番)。他の遣唐使に贈られた歌もあるので、このような慣わしは珍しくなかっただろうが、天平の使節については、偶然にも多くの歌が残ったのである。好去好来歌を除き、他の歌が誰に贈られたかははっきりしないが、親しい同僚や家族とみてよいだろう。中でも母が子を思い、住吉の神に祈る気持を述べた長歌(巻九、一七九〇番)は、苛酷な遣唐使の任務を思いやる時、感慨の深いものがある。

夏の出発

この時の使いがいつ難波津を発ち、北九州から大陸へ向かったか、細かい日程は不明である。ただ、朝貢の使いであった遣唐使の場合、「朝賀使」として、唐の都で行われる元日朝賀の儀礼に参列するのが原則だったとみられ、大陸での旅程を計算に入れれば、最終的な出発は、遅くても現在の九月ごろまででなければならない。一般に航海に好い季節とは言えない夏に出発する使いが多いのは、そのためだった。この使いも、夏の出発だったろう。

船は漂流の難に遭ったらしいが、八月、蘇州の管内に到着した。中国側の記録に、日本の「朝賀使」の到着を次のように伝えている。

八月是月、日本国の朝賀使、真人広成、傔従《けんじゅう》五百九十と舟行して、風漂に遇い蘇州に至る。

五九〇人という総人数は、この時期の遣唐使として標準的なものと言ってよいだろう。当時の船は、あとでも取り上げるとおり帆船だが、陸に近い場所や風の状態によっては、船を漕ぎ進める必要があったので、多くの水手《かこ》(船員、漕ぎ手)が乗っていた。その数を明記した史料はないが、天平宝字の遣唐使(七五九)が、唐で船を賜わって帰国した時の人数や、唐僧鑑真が、天平二〇年(七四八)に日本に渡航しようとした際の水手の比率から、水手は乗組員の半数以上を占めていたと見られる。

ばらばらに到着した各船の乗員は集められ、船員たちを残して蘇州の町に向かう。日本使節到着の報を受けた中央からは、通事舎人の韋景先《いけいせん》が派遣されてきて、使節を慰労した。中央からの使いが直接出かけてくるのは珍しく、いろいろ推測もされているが、明確な答を出すのはむずかしい。

上京の許可を得る——厳しさを増す入京制限

ここで遣唐使には、一行のうち何人が上京できるか、通知がなされたことだろう。八世紀の前半、唐の盛時にあっては、蕃夷の朝賀使は半数の上京が認められていたようで、『新唐書』百官志(鴻臚寺《こうろじ》)に、次のような規定がある。

海外諸蕃進貢使、下従《かじゅう》有らば、其の半ばを境に留めよ。

この規定が唐代のいつのものかは厳密にはわからないが、のちに入唐した宝亀の使節(七七七)は、総数はあまり変わらないのに、一割に満たない四十三人しか上京が許可されておらず、それには安史の大動乱を経て、国力が衰えているからと、唐側からの説明があった。したがって百官志の規定は、安史の乱以前の状況を伝えている可能性が強い。『新唐書』百官志の規定には、唐令に拠ったものの多いことが指摘されているが(榎本淳一「『新唐書』選挙志の唐令について」)、この規定なども、官司の細則を定めた式から来ているのだろう。

上京制限の厳しくなった八世紀後半以降は、使節と唐朝との厳しい交渉も珍しくなかった。承和の遣唐使(八三八)で入唐した常暁のように、上京できなかった無念さを自ら記した人物も見られる(『僧常暁将来目録』)。また、同じとき入唐した戒明《かいみょう》は、入京の選に漏れたため、同行していた弟子の義澄が官人に変装し、遣唐判官の侍者になって長安に入った。まさに苦肉の策である。八世紀前半でも、入京の制限はあったろうが、規制にこれほど口惜しい思いをした留学者などは、まだ少なかったのではないだろうか。

都に向かう旅――洛陽か長安か

こうして大使以下の一行は、上京を許された人々を連れて都に向かった。その経路は、通常のように大運河を利用するものだったと思われる。しかし、彼らが長安に至ったかどうかについて、研究者の意見は分かれている。則天皇帝時代のように、都が洛陽に移されていた時ならばとにかく、朝賀使が長安へ向かうのは当然のことなのだが、この時は事情が違った。この年、唐は日照りに襲われ、翌年にかけて大飢饉が起きていたからである。時の皇帝玄宗は翌年正月二十七日、大運河の終着点で、江南産の米の集散地でもあった洛陽に行幸、しばらくここを居所としたほどである。遣唐使の一行は、洛陽に移っていたこの玄宗と、四月になって会見した。

そこでこの時の遣唐使は、蘇州から洛陽に着くとそこで留められ、飢饉の長安には行っていないとする意見がある（安藤更生『鑑真大和上伝の研究』、王勇『唐から見た遣唐使』ほか）。しかし、やはり年内に長安に入り、年が明けてから皇帝のあとを追って、洛陽に向かったのだとする反対意見も出ている（拙著『遣唐使船』のほか、矢野健一「「井真成墓誌」と第一〇次遣唐使」など）。果たして事実はどうだったのだろうか。

結論から言えば、遣唐使は先に長安に入ったと見るのが正しい。これには二つの史料がある。

一つは石山寺に残る経典の奥書である。石山寺には唐での奥書をもつ『遺教経《ゆいきょうぎょう》』という一巻の経典が所蔵されている。現存するものは平安時代前期ごろに写された写本だが、原本は唐で書写されたもので、その末尾に書写のいわれを明らかにした、次のような奥書が付いている。

唐清信弟子陳延昌、此の大乗経典を荘厳《しょうごん》し、日本国使・国子監大学《こくしかんたいがく》の朋古満に附して、彼《かしこ》に流伝せしむ。

開元廿二年二月八日、京より発つに記す。

仏教を厚く信仰する陳延昌という唐人が、この経を日本に伝えて普及させたいと思い、経巻に仕立て、「日本国使・国子監大学」の「朋古満」という人物に付託した。そのことを開元二十二年(七三四)二月八日、「京」を発つ時に記した、というのである。文中の「荘厳」は、仏教用語で飾ることだが、この場合は、経巻として立派に仕上げる意味だろう。この時書写したとは書いてないが、おそらく日本使(遣唐使)に渡すため、新たに書写されたのではないかと思われる。

この経は、釈迦の遺言を記していて、僧侶への戒めも説かれていることから、仏教界の堕落を快く思っていなかった唐の太宗の目にとまり、太宗はこれを六三九年(貞観十三年)に大量に写させ、貴族や地方長官に分かち与えたことがあった。また日本では、僧侶になるための授戒の作法でも、この経が披講されたが(『東大寺要録』巻九、「東大寺授戒方軌」)、これは唐僧鑑真の弟子、法進《ほっしん》のやり方だから、おそらく鑑真の伝えた唐の法式と見てよい。『遺教経』は分量こそ少ないが、重視される存在だった。

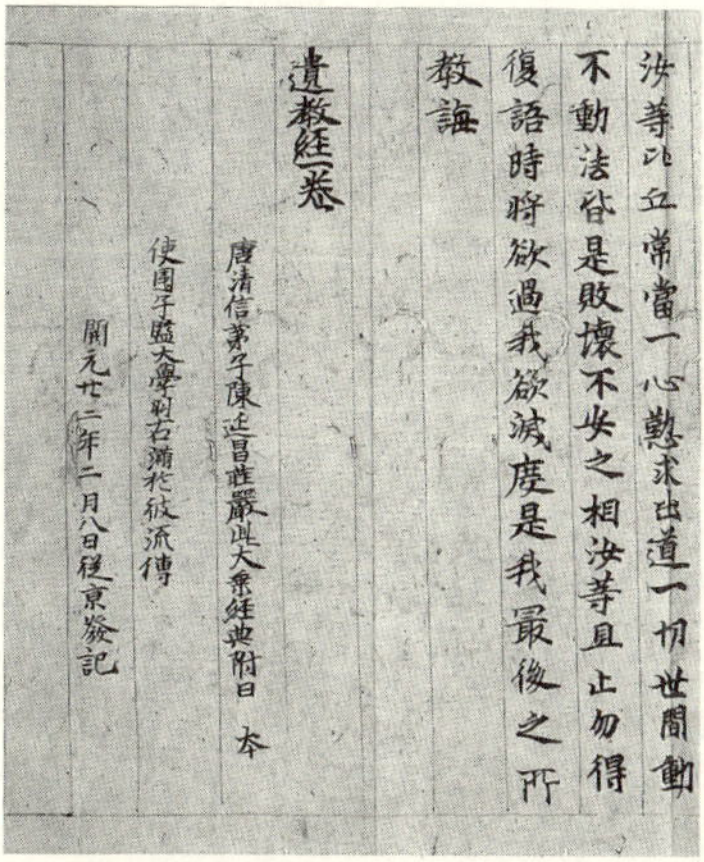
汝等比丘常當一心懃求出道一切世間動
不動法皆是敗壞不安之相汝等且止勿得
復語時將欲過我欲滅度是我最後之所
教誨

遺教經一巻

唐清信弟子陳延昌莊嚴此大乘經典附日本
使国子監大學朋古滿於彼流傳
開元廿二年二月八日從京發記

『遺教経』奥書．石山寺蔵．「遣唐使と唐の美術」展図録(朝日新聞社)より

朋古満という名の遣唐使メンバー

この奥書からは、日本の遣唐使のメンバー、朋古満が、開元二十二年二月八日に、「京」を出発しようとしていたことがわかる。この人物が、前年に唐に着いた遣唐使節の一員であり、「京」が長安を指すならば、多治比広成らが長安入りしたことは間違いない。そう考えるのは通説といってよいだろう(水野柳太郎「新羅進攻計画と藤原清河」)。しかし、それ

『遺教経』奥書の
「朋古満」の名

には異論があって、この人物は養老の使い(七一七)で留学した阿倍仲麻呂の傔従(付き人)の羽栗吉麻呂《はぐりのよしまろ》である可能性が強いというのである。なるほど「朋」は、一見すると「羽」のようにも見えるし、二次的な写しだから、「吉」が「古」になることもありえないとはいえない。わざわざ経典本文の字と、奥書の「朋」を比較し、これを「羽」と証明しようとした論者もある(河内春人「石山寺遺教経奥書をめぐって」)。もしこれが羽栗吉麻呂なら、天平の遣唐使がどう行動したかをうかがう史料にならないことは言うまでもない。

しかし、「朋」を「羽」と読むのは誤りであろう。「羽」の崩し字にしては字画が一つ多いし、「朋」の字は、草書なら、かえってこのような形になる。経典本文の字と比べるのは有力な証明手段のようだが、本文と奥書は、たとえ同一人が書いても、書体を変えて書く場合が珍しくない。この奥書も一行の字数が揃っておらず、「日」と「本」の間に不自然な空白がある。これは奥書が、本文と違って砕けた書体で書かれていたのを、二次的に楷書で写し取ったため生じたと見るのが自然だろう。「朋」などはよく理解できなかったので、できるだけ原書に近く写したということではないだろうか。とにかく、本文の字体と照合して奥書を読むのは、一見合理的のように見えて、実は方法として誤っていると言わなければならない。

この「朋古満」は、かねてから言われていたように、大伴古麻呂のことだろう。大伴古麻呂は、天平勝宝の遣唐副使(七五二)として入唐した人だが、その前にも一度入唐経験があったのである。彼もまた唐では、井真成と同様、唐風の名を名乗った。「朋」は大伴の「伴」と日本語では同音である。この場合、上の一字「大」より、「朋」が似つかわしいと判断したのだろう。「国子監大学」とあるので、古麻呂は唐の大学に相当する国子監か太学《たいがく》に入学したと考える人もあったが、それは当たらない。彼はすでに日本で治部《じぶ》省の少丞《しょうじょう》という職に就いた経験がある。これは従六位上に相当する官である。いまさら留学生になる年でも地位でもない。恐らく当時彼は、日本の大学寮《だいがくりょう》の官人だったので、それを唐風に称していたのだと思われる。

唐の高等教育機関は、入学者の地位に応じて、国子監・太学・四門学《しもんがく》などの序列があったが、日本の大学は、唐の国子監と太学を合わせたものに当たるので、「国子監大学」と称するのはよく適合する。遣唐使となった官人が、官職名を唐風に変えたことは、大宝の使い(七〇二)が、民部卿を民部尚書、相楽郡大領を相楽郡令などと称していることから明らかである。

「京」は長安を指す

だいぶ遠回りをしたが、こう見てくると、この奥書の「日本国使」は、当時来訪中の遣唐使として何ら不都合はないことになる。そこで次の問題は、「京」が洛陽を指す可能性があるかどうかである。この点についても、洛陽は西京長安に対して、東京《とうけい》と呼ばれることがあるし、二都を合わせて「両京」とも言った例があることを根拠に、洛陽だと解する意見がある。なるほどそれは一般論としては正しい。「両京」などは、漢がこの二都市を東京、西京としたこともあって、古くから使われてきた。しかし、実際の用例を、唐代の文献に当たって調べてみると、天宝元年(七四二)に正式に洛陽を「東京」と定めるまでは、洛陽はもっぱら「東都」と呼ばれており、例外はごくわずかである。

それに対し長安を「西京」と呼んだ例は枚挙にいとまなく、逆に長安が「西都」と呼ばれた例はない。これは四庫全書の全文検索で調べた結果だから、なお遺漏もあるだろうが、概況はこれで判断して誤りないだろう。結局、以前から言われてきたように、この時期、単に「京」とあれば、それは長安を指すと見てよいのである。天平の遣唐使は、年内にまず長安に入ったと結論できる。そもそも飢饉で一般の生活に支障があっても、すぐさま皇帝の生活や、宮廷の運営に影響があるはずはない。

この時の遣唐使が、最初長安入りしたことは、他の史料からもわかる。この遣唐使には、戒律の師を招く使命を帯びた二人の留学僧、栄叡《ようえい》と普照《ふしょう》が加わっていたが、彼らは、洛陽で正式な作法のもと、改めて戒律を受けた。そのことを、鑑真とともに来日した弟子僧の思託《したく》が、後に次のように書いている（『延暦僧録』栄叡伝）。

日本、戒律未だ具《そな》わらず、舎人王の請いを受けて入唐し、伝戒律師僧を請う。奏して勅あり、発遣して洛陽に至らしむ。奏して勅あり、大福光寺の大徳定賓、兼ねて十徳、受戒し畢《おわ》んぬ。

注目されるのは、原文「奏勅、発遣至洛陽。奏勅、大福光寺大徳定賓、兼十徳、受戒畢」の箇所である。ここの「勅」は、「入唐」後のことだから、当然玄宗の勅ということだが、それは奏上して得た勅許であり、その結果、洛陽に行き受戒できたのであった。

海外からの使節は、皇帝に奏上すべきことを鴻臚寺を介して願い出る（『新唐書』百官志、鴻臚寺）。日本の遣唐使の場合、皇帝との会見で直接奏上し、それが認められることもあった（『冊府元亀』巻九七四、『続日本紀』宝亀九年十月二十二日条）。その奏上内容は、使節、留学者の生活や旅行、唐物の購入など、使命を果たす上に必要なことがら万般にわたっていた。栄叡の伝に見える「勅」も、まさにそういうものだったと考えられるが、それが洛陽への「発遣」前に出されたのだから、遣唐使による奏上は長安で行われたに違いない。玄宗が洛陽に出発する正月七日以前、おそらく前年の内に、遣唐使が鴻臚寺を通して願い出たのであろう。なお、栄叡伝の記事は、遣唐使が直接洛陽に至って留まった証拠とする論者もあったが(安藤更生『鑒真大和上伝の研究』)、それが当たらないことは以上に見たとおりである。

井真成と天平遣唐使

天平の遣唐使の長安入りを詳しく検証したのには、実はもう一つのわけがある。それは序章で取り上げた井真成が、まさに開元二十二年(七三四)の正月に、長安で亡くなっているからである。使節一行が前年の内に長安に到着し、この年の二月初めに洛陽に移動したとすると、序章でもふれたことだが、井真成は遣唐使の到着を知ったばかりでなく、使節が井真成に会い、その死に立ち会った可能性も出てくる。ただ、簡単に使節と井真成の出会いを肯定することはむずかしい。遣唐使が勅許なしに自由行動を取れなかったことは先に述べた。お互いにその存在を意識しながらも、面会の機を得る前に、井真成が急死したことも考えなければならない。

墓誌に日本側の情報が全く反映されていないことをみると、むしろその可能性が強いだろう。

井真成が異国で落命した事情は一切明らかでないが、このようなタイミングで死を迎えねばならなかったのは、彼にとって、まことに不本意だったであろう。新羅からの留学生の場合、唐での修学は十年を目途としたようだが(厳耕望「新羅留唐学生与僧徒」)、日本の場合、明文がない。僧については九年を過ぎると、俗人の戸籍につけるという規定が見えるものの(『唐会要』巻四九、『新唐書』百官志三、宗正寺崇玄署)、これは唐商船の往来が盛んになって、日本からの巡礼僧が増える九世紀以降の規定ではないだろうか。少なくとも九世紀初めまで、遣唐使で留学した人が、私的に帰国する道はほとんど開かれていなかった。留学者は早くても次回の遣唐使の到着を待って帰国するのがルールであり、年期制がある以上、唐もそれを公認していたと考えたほうがよい。

井真成と同じく養老の遣唐使に従って入唐した留学生阿倍仲麻呂が、帰国を願い出ていることや、宝亀の遣唐使(七七七)が、留学生を引き連れて長安を離れたとあること、延暦の遣唐使(八〇四)が、業を終えた留学者の橘逸勢《たちばなのはやなり》と空海を、引き取って帰りたいと申し出て許されたことなどは、その傍証になる。すでに在唐十八年にも及ぶ井真成も、天平の使節と帰国すべき時に来ていた可能性は大きく、特殊な事情がない限り、待望の遣唐使がやってきたということではなかったか。胸に抱いていた故国での数々の希望は、突然の死によって断たれてしまったことになる。

朝貢の品々

さて多治比広成らの一行は、四月になって、ようやく洛陽で朝貢の品々を献上した。珍しく中国側史料に、その品目が一部見えているのは意義深い。

四月、日本国、遣使来朝し、美濃《みのの》絁《あしぎぬ》二百匹・水織《みずおりの》絁二百疋を献ず。
（『冊府元亀』巻九七一）

なぜなら、ここに挙がっている美濃絁と水織絁は、日本の『延喜式』で、唐の君主に下賜する品と定められた物に、員数まで符合するからである。『延喜式』では「大唐皇」に賜うとして、第四章で示すような諸品が挙げられているが、これらが実際には唐への朝貢品だったこともそこで述べたとおりである。先の『冊府元亀』が、日本の朝貢品を細大漏らさず挙げているわけはないから、これは『延喜式』の品目がそのまま唐に朝貢されたことを示すと受け取ってよい。

『延喜式』は十世紀前半に完成した法制書だが、そこに見える朝貢品は、少なくとも八世紀前半以来のものだったわけである。蕃夷の朝貢品は、本来なら朝賀に合わせて献上され、朝賀の場に陳列されるのを例としたが(古瀬奈津子『遣唐使の見た中国』一六七頁)、天平の遣唐使の場合は、前年来の飢饉に伴う異例の事態の影響で、大幅にずれこんだものだろう。

遣唐使の大きな任務は、可能な限り朝賀に参列することと、朝貢品の捧呈にあったわけだから、これで多治比広成らの責は、おおむね果たされた。ただ、留学者の引き取りや、これから留学する者の配属、朝貢に対する回賜品の受け取り、各方面の見学、許可を得ての唐人の招請、買物など、使節としてはそのほかにも様々な任務があった。唐僧道璿《どうせん》やインド僧菩提僊那《ぼだいせんな》、唐人袁晋卿《えんしんけい》、波斯《はし》人李密翳《りみつえい》らの来日が実現したのは、彼らの努力の賜物である。

帰国と遭難

広成一行が帰国の途についたのは、その年十月のことだった。四船は同時に蘇州から出帆した。しかし、その前途は、憶良からはなむけに贈られた好去好来歌のように、平穏にはいかなかった。まだしも順調だったのは大使の船である。他の使節の例から見ても、四船には判官までの四等官の一人が、それぞれ責任者として乗り込み、指揮をとったようである。後の承和の遣唐使(八三八)で「船頭」と呼ばれているのは、この責任者のことだろう。このたびの帰途では、大使の多治比広成が第一船、副使中臣名代が第二船、判官平群広成が第三船という分担だった。もう一船は、帰国できなかった紀馬主か田口養年富が、指揮していたのではないだろうか。

四船は出航してまもなく、悪風に遭ってばらばらになり、多治比広成も一度は越州まで吹き戻されたが、幸いにも十一月二十日に、多《たね》禰《が》嶋《しま》(種子島)にたどり着いた。この船で、前回の遣唐使で渡唐した吉備真備、僧玄昉らが帰国できた。また同じ船には、阿倍仲麻呂の傔従《けんじゅう》(付き人)として渡った羽栗吉麻呂も、唐でもうけた二人の息子とともに乗り組んでいた。彼らのことは、また後章でふれることになろう。

一方、中臣名代らの船はやはり漂流、「南海」つまりは東南アジア海域まで流されてしまい、翌年三月、命からがら広州に戻ってきた。しかし帰国するにも船はない。閏《うるう》十一月、名代は『老子』と天尊像を賜わるよう願い出て、これを許された。天尊像とは、道教の神像である。玄宗は熱心な道教信者であり、自らは道教の開祖とされる老子の子孫だという意識から、『老子』の注釈まで著作した。その御注《ぎょちゅう》『老子道徳経』が完成、頒布されたのは、まさにこの年、開元二十三年の三月である。名代はこの時期をとらえ、神像とともに持ち帰って日本に広めたいと言い出すことにより、帰国への道を切り開こうと試みたのだろう。そのかいあって、玄宗は「日本国王、主明楽美御徳《すめらみこと》」宛の勅書を名代に与え、帰国させることにした。

「主明楽美御徳」は、言うまでもなく天皇に対応する和語である。唐がこのような称を知っていたと言うよりも、日本の持参する国書にこうした用語が使われていたのだろう。「天皇」と称せば唐の皇帝と同格になって、問題を起こすこと必定だが、「主明楽美御徳」なら、唐との間に名分問題は生じない。日本側の苦肉の策が、こういうところに顔を出したわけである。名代の唐出発がいつだったかは不明だが、翌天平八年(七三六)五月に薩摩から大宰府に入っているので、その少し前に南九州にたどり着いたことがわかる。この船には、僧道璿、菩提僊那、林邑《りんゆう》(ベトナム)の僧仏哲《ぶってつ》らが同乗していた。ちなみに帰国した名代が、道教を広めようとした形跡は全くない。

もう一つの平群広成率いる船は、百十五人が乗り組んでいたが、例の悪風の後、崑崙《こんろん》国(インドシナ)に漂着してしまった。ここで現地人に捕らえられ、殺されたり逃亡したりしたあげく、九十人余りは疫病で亡くなってしまう。かろうじて生き残った四人だけが、崑崙王の庇護を受け、唐に送還された。それが天平七年のことである。玄宗も気にかけ、安南都護に命じて唐に戻れるようにしたことが、中臣名代に託した先の勅書に見えている。

唐に戻った平群広成は、阿倍仲麻呂の伝手を頼って、玄宗に渤海国経由で帰国したいと請願した。玄宗はそれを聞き入れ、船と衣食などを与えてくれる。天平十年五月、やっと渤海に着くが、たまたま渤海では、日本への使節派遣が計画されていた。広成らの懇望に動かされた渤海王は、翌年春に派遣する予定を繰り上げ、急遽七月に派遣することを決定する。しかし、肝心の渤海使節の乗船は波浪のため転覆、大使ら四十人が溺死するという悲劇が起きた。広成らは自分たちの船を使用していたらしく、却って残った人々を率いて、出羽にたどり着く。日本人はわずか四人になっていた。多くの困難と悲劇をくぐり抜けて故国の土を踏んだ彼らの感慨は、いかばかりであっただろうか。もう一船は、蘇州出発後間もなく沈没したのだろうが、そのことも、広成らは五年を経て、初めて聞いたわけである。

船をめぐる最澄の記録

こうした遭難の話が出るごとに、当時の船や航海術のことが話題になる。それに応えるように、古くから船舶史の専門家による研究もあり、復原も試みられているが、意外に確かなことの少ないのが実情である。もちろんそれは史料がないからであって、画像資料として参考になるものも、平安時代以降しかないし、文献史料も、従来は船の構造と航海術の一部に関わる断片的な記事が知られている程度だった。それらからわかることを要約するなら、遣唐使船は二本マストの帆船であり、船体は部材を組み立てた構造船で、船底は尖り、竹を細く裂いて編んだ網代帆を備えていたということになろう。平安時代後期の『吉備大臣入唐絵巻』(ボストン美術館)に描かれた遣唐使船では、船首に二つの目が入っているが、奈良時代の船形の琴で目のある例が出土しているから(奈良国立文化財研究所『平城京左京七条一坊十五・十六坪発掘調査報告書』一九九七年、写真八〇)、これも早くからあったと見てよい。船の大きさは、天平宝字の遣唐使(七五九)が、帰国に当たって唐で作ってもらった五十人乗りほどの船が、長さ八丈(二四メートル)と記録されていること、中国で発見された宋船の長さと幅の比率が、約三～四対一であることなどを根拠に、長さ三〇メートル、幅九メートル弱、喫水二・六メートル、排水量二七〇トン、積載量一五〇トンぐらいと推定されている(石井謙治「海上交通の技術」)。

しかし、もう存在しないと思われた史料にも、見落とされていたものがあった。延暦の遣唐使に加わって、遣唐使船で往復した最澄の記録がそれである。

法を受くること已《すで》に畢《お》わり、船の所に還帰す。大使の処分ありて、第一船に乗る。遂に藤《とう》纜《らん》を望海《ぼうかい》に解き、布帆を西風に上《のぼ》す。鷁旗《げきき》、東に流れ、龍船、岸に着す。（『顕戒論』）

最澄は、大使の命令で乗り込んだ帰りの船の状況を、このように述べている。藤の纜《ともづな》を望海鎮（現在の江蘇省所在）で解き、布の帆を西風（順風）に上げたと言うのである。藤製の纜といい、マストの上の旗といい、みなこれまで確認されていなかったものだが、それにも増して「布帆」のあったことは、新たな発見だった。「布」といえば、古代では麻布を指すから、遣唐使船で麻布の帆が使われたことになる。私はこの発見をもとに、遣唐使船の再考が必要なことを論文に書いた（拙稿「遣唐使船の構造と航海術」）。大きな網代帆が主要な役割を担ってはいたが、麻布の帆も装備されていて、のちの北宋船でやられていたように、風向きに応じて併用したと考えたのである。遣唐使船の絵画に布帆が出てこないのは、後世のものということもあるが、直接外洋船に乗り組まない限り、布帆の使用状況を目にする機会がほとんどなかったからだろう。本書の各章扉には、布帆をあげて進む遣唐使船のイメージが入っているので、参考にしていただきたいと思う。

中国に早くからあった布製の帆

調べてみると、布製の帆のことは、七世紀半ばに僧玄応が著した『一切経音義《いっさいきょうおんぎ》』(巻一〇)にも現れている。玄応は「明帆」という語に関して、次のように注をつけた。

風に随《したが》いて張幔するを、帆と曰う。今或いは布、若《も》しくは蒲《がま》、若しくは席《むしろ》を用いて之を為《つく》るなり。

唐代後期の敦煌壁画にも、明らかに布を縫い合わせた帆を持つ船が描かれているので、少なくとも唐では、七世紀前半以降、布の帆が実用されていたに違いない。遣唐使船のような外洋航海用の大船は、もともと日本では必要なく、独自に開発しなければならない状況にはなかったから、初期には百済からの技術導入によって作られたらしいことを先に述べた。広い意味で中国の技術が手本になったとすれば、布帆も早くから遣唐使船に導入されていた可能性が高い。

このような中国での航海技術の発展には、中国に来航する西方の船の影響もあったことと思われる。

中国の船舶技術をめぐって

中国の船舶史料についても、もはや利用できるものはされ尽くしたと思われている節があるが、決してそうではない。たとえば私は、鑑真に随って来日した唐僧法進《ほっしん》の著作の逸文を見ていて、次のような記事に出会った（凝然『梵網戒本疏日珠鈔《ぼんもうかいほんしょにっしゅしょう》』巻四六所引、法進『梵網経註』）。

亦、婆斯国の如きは、大船毎年皆一十、二十有り。或いは復《また》三十。大唐の南海の広州に来至して興易す。其の舶長さ九、十丈、広さ五、六丈、上下高さ七丈、四丈は水に入る。三万余車の物を載《の》す。一車は二十五石の米を載す。一船連ぬる（「運ぶ」か）所の物も亦無量なり。

法進の注釈は、『梵網経』に出てくる様々な世俗のことがらに詳しい注を付けていたようで、いま残る部分だけでも、唐代の社会や文化を知る上に有益である。これもその一つで、「婆斯国」とはおそらく「波斯《はし》国」で、ペルシアから来たイスラム商船のことを述べているのだろう。数字は大きすぎる嫌いがあるが、注釈全体として荒唐無稽なことは記されていないから、多少の誇張はあっても、実状に近いことを伝えていると見てよい。実際、『唐大和上東征伝《とうだいわじょうとうせいでん》』には、鑑真一行が広州で「婆羅門《ばらもん》・波斯・崑崙等船」(インド、ペルシア、東南アジアなどの大船)を目撃した記事もある。ただ、「長さ九、十丈」や「三万余車の物」には、写し取られる過程で何らかの誤りが生じていることも想定されよう。

従来、古い大船の記録としては、先の玄応『一切経音義』(巻一)に、「大なるものは長さ二十丈、六、七百人を載す」とあるのが指摘されている(桑原隲蔵『蒲寿庚の事蹟』)。「長さ九、十丈、広さ五、六丈」では、船形が方形に近くなり現実的ではない。「九、十丈」は、あるいは数字が転倒しているのではないか。十九丈なら、長さと幅の比は約三〜四対一になり、中国の沈没船資料とも矛盾しないし、『一切経音義』の船にも近い。とにかくこうした埋もれた史料にも光を当て、改めて遣唐使船の復原をやり直す時期が来ている。六、七百人を載せる船が、長さ二十丈(約六十メートル)前後とすれば、長さ三〇メートルほどという、これまでの遣唐使船の復原長は短かすぎる感も否めない。新たな船舶史家による新しい復原案が登場することに期待したい。

以上見てきたことからもわかるように、遣唐使船は、初期からそれなりに高度の技術を使って建造され、当時の大陸の外洋船と遜色ない出来栄えだったと考えられる。それにもかかわらず遭難に苦しんだのは、すでにふれたとおり、朝貢使、朝賀使という外交的条件に制約され、出発や帰国の時期を自由に選ぶことが許されなかったことに大きな原因があった。そのような条件に拘束されない遣渤海使の往来では、季節の気象条件を利用して、成功率の高い航海が達成されているし(上田雄『渤海使の研究』)、九世紀の外国商船の往来には、日本人が同乗することも多かったのに、目だった遭難が起こった様子はない。渡海で水没、遭難した人々の多くは、国際政治や外交の犠牲者だったというべきだろう。

第三章　海を渡った人々

遣唐使のメンバー

遣唐使で渡航した人々の具体的な行動に関しては、前章でかなりふれたが、この章では、それと重ならない形で、渡航者たちの全体像を見ておこう。

まず遣唐使の全体を考える上で基準になるのが、『延喜式《えんぎしき》』(大蔵省)に見えるメンバーの一覧である。『延喜式』は遣唐使に朝廷から与える品の支給額を定める意味で、条文を立てているのだが、それが期せずして遣唐使の成員にどんな人々がいたのかをうかがわせる史料になっている。しかも、この規定と一連の遣新羅使や遣渤海使の規定も含めて検討すると、こうした規定が、八世紀の半ばごろには成立していたことがわかった(拙稿「『延喜式』にみえる遣外使節の構成」『遣唐使と正倉院』所収)。つまり盛期の遣唐使がどのような構成だったかを、ここから判断してよいのである。第一期の遣唐使となると、規模をはじめ、いろいろと相違はあっただろうが、そう根本的な違いがあったとも思えない。そこでこれを表にまとめて見ていただくことにしよう。

遣唐使の構成と手当.『延喜式』(大蔵省)より

	職　名	絁(疋)	綿(屯)	布(端)	特別支給品
使節	大使	60	150	150	彩帛 117 疋, 貲布 20 端
	副使	40	100	100	彩帛 78 疋, 貲布 10 端
	判官	10	60	40	彩帛 15 疋, 貲布 6 端
	録事	6	40	20	彩帛 10 疋, 貲布 4 端
	史生(書記官)	4	20	13	
	雑使(庶務)	3	15	8	
	傔人(従者)	2	12	4	
通訳	訳語(唐語通訳)	5	40	16	彩帛 5 疋, 貲布 2 端
	新羅奄美等訳語	4	20	13	
船員	知乗船事(船長)	5	40	16	彩帛 5 疋, 貲布 2 端
	船師(機関長)	4	20	13	
	柂師(操舵手長)	3	15	8	夏冬の衣服
	挾杪(操舵手)	2	12	4	夏冬の衣服
	水手長(水夫長)	1	4	2	夏冬の衣服
	水手(水夫)		4	2	夏冬の衣服
技手	主神(神主)	5	40	16	
	卜部	4	20	13	
	医師	5	40	16	
	陰陽師	5	40	16	
	画師	5	40	16	
	射手	4	20	13	
	音声長	4	20	13	
	音声生	3	15	8	
	船匠	3	15	8	
技術研修生	玉生(ガラス・釉)	3	15	8	
	鍛生(鍛金)	3	15	8	
	鋳生(鋳金)	3	15	8	
	細工生(木竹工)	3	15	8	
留学者	留学生(長期留学)	40	100	80	
	学問僧(長期留学)	40	100	80	彩帛 10 疋
	傔従(従者)	4	20	13	
	還学僧(短期留学)	20	60	40	彩帛 10 疋
	請益生(短期留学)	5	40	16	

選び抜かれた人物たち——使節

遣唐使のメンバーは、大別して使節、船員、随員、留学者の四つになる。使節は、大使以下、録事《ろくじ》に至る四等官と、その下の史生《ししょう》(書記官)・従者であって、いうまでもなく外交使節としての遣唐使の本体である。唐に対して日本を代表する立場だから、特に大使や副使にはそれにふさわしい人物が選ばれた。前章でとりあげた好去好来歌には「天の下申し給いし　家の子と　選び給いて」(政治に参画する名家の子弟として、天皇がお選びになって)とあったが、家柄、学識教養、風采など、総合的な選考がなされたはずである。実際には派遣取りやめになったが、一旦大使に選ばれた石上乙麻呂《いそのかみのおとまろ》(第一一次)について、『懐風藻《かいふうそう》』の伝記に、

元来、此の挙、其の人を得ること難し。時に朝堂に選ぶに、公の右に出づるもの無し。遂に大使に拝す。

とあるのは、彼が選りすぐりの人物だったことを物語る。渡唐した粟田真人《あわたのまひと》(第八次)は、「好んで経史を読み、文を属《つく》るを解し、容止温雅なり」と、唐人に誉められているし(『旧唐書』倭

国伝)、藤原常嗣《ふじわらのつねつぐ》(第一九次)は大学に学んだ経験を持ち、『文選《もんぜん》』を暗誦していて、漢文作成や楷書を書くのに優れ、風采も見るべきものがあった(『続日本後紀』承和七年四月条)。布勢清直《ふせのきよなお》(第一七次)のように、書のうまさを唐で称えられている者もいる(拙著『書の古代史』一七一頁)。

第二期以降で見ると、派遣氏族は、粟田、多治比《たじひ》、大伴《おおとも》、中臣《なかとみ》、藤原、石上《いそのかみ》、石川、平群《へぐり》、佐伯など、ヤマト朝廷以来の名族が顔を揃えている。ただ、第一期の大使では様子が異なる。犬上《いぬがみ》、吉士《きし》、高向《たかむこ》などといった中小氏族や渡来系氏族の出身者が多い。これらの氏族は、外交や留学との深いつながりが評価されたのだろう。この氏族傾向は、当時朝鮮半島の諸国に派遣された使いとも共通しており、初期の遣唐使には、実務的性格の強かったことがわかる。第一期と第二期以降に見られるこの差は、単なる人選方針の違いというのではなく、日本の文明化の段階を反映しているのだろう。つまり遣隋使時代を含め、早い時期には外交に長けた専門氏族に頼らざるを得なかったが、次第に中央の大氏族にも中国的な教養が行きわたるようになり、それらの中から遣唐使節にふさわしい人選ができるようになったのだろう。

なお、使節派遣に際しては、位の昇進があるのが慣例で、もともと無位の場合は、一階を与えられて少初位下となる規定が、『延喜式』に見える(式部省上)。また、無事帰国の暁には、慰労の意味で特別の昇進も実施された(同上)。

公私の通訳たち

『延喜式』の順序とは前後するが、使節と併せて取り上げておきたいのが、通訳(訳語《やくご》・通《つう》事《じ》)の人々である。これには中国語、新羅語のほか、奄美の言葉の通訳もあった。後にふれる最澄の文によれば、これらの通訳たちは、使節の用を弁ずるために置かれたものである。新羅語や奄美語の通訳は、言うまでもなく船がそれらの領域に漂着した場合を想定して置かれている。「奄美」は、この場合、南西諸島から沖縄方面を広く総称したものだろう。「奄美等」の「等」を「その他」と解せば、他地域はそこに含めたとも見られるが、それほど厳密な記載かどうか疑問である。訳語の手当が、使節の第四等官の録事や、その下の史生に匹敵するのは、訳語の重要性を物語っている。なお、承和《じょうわ》の遣唐使(八三八)について、実際に任じられた訳語(通事)三名の名が伝わっているが(『入唐求法巡礼行記』)、紀、大和、大宅など、いずれも古来の氏族出身者である。

しかし、一般に入唐者は中国語があまり達者でなかったから(拙著『遣唐使船』一七四頁)、個人用の通訳を引き連れる場合があった。最澄の『顕戒論縁起《けんかいろんえんぎ》』の文は、その一端をうかがわせてくれる。最澄は、自分は「漢音」に習熟していないし、「訳語」にも不案内だが、公式の訳語は使節用だと述べて、弟子の義真《ぎしん》を同行したいと申請している。「漢音」は漢字の正しい発音の意味で使うこともあるが、ここは「訳語」とあわせ、語学ができないことを言いたいわけで、漠然と中国語ぐらいの意である。

遣唐使船を操る船員たち

次に、遣唐使の中で比重の大きいのが船員である。知乗船事《ちじょうせんじ》は、各船の船内を統括する船長といった役どころだろう。実際、承和の遣唐使では、四名の知乗船事がいる。手当は使節の第四等官に匹敵するから、責任者として重要な位置にあるといえよう。承和の場合、一名は国信(朝貢品)の管理に当たる監国信の役を勤めていた。

船師と知乗船事の違いはよくわからないが、船師は操船の責任者、現代でいえば機関長であろうか。

挾杪《かじとり》は舵取り、操舵手、柂師《かじし》はその指揮官である。次にみる水手《かこ》と同様、柂師も一般の公民から取られたようだが、中にはその活躍ぶりから、正史に名を残す人物が出た。天平勝宝の使節(七五二)を運んだ船の柂師、川部酒麻呂《かわべのさかまろ》がそれである。彼は第四船の柂師だったが、船尾から起きた火災の時、火傷を負っても柂を取って離さず、帰国後、その手柄によって従七位下という位を与えられ、肥前国松浦郡の下級役人に取り立てられた。彼はおそらくその地の出身で、ふだんは漁業に従事していた公民だったと考えられる。

遣唐使に出かけた者は、帰還すると、全ての税負担を三年間免除する決まりで(賦役令十六条)、時によっては十年間の免除が許されたり(『続日本紀』慶雲四年八月条)、免除の範囲が同居家族にまで拡大されることもあったが(同上養老元年十一月条)、それらと比べても、川部酒麻呂の場合は全く破格の優遇だった。

水手は水夫で、前章でも述べたように、必要に応じて舷側に出て、艪《ろ》を漕ぐ役割も負わされていた。その監督者が水手長《かこおさ》である。

遣唐使を助ける各種の技手

次に仮に技手と名づけた一団がいる。これらの人々は、各々何らかの技能の持ち主で、遣唐使の使命を助ける。

主神《しゅしん》は、船中で住吉の神を祭るが、これに関しては前章で記した。卜部《うらべ》は日本古来の太卜《ふとまに》と呼ばれる占いに従事する。鹿の骨を灼《や》いて行う占いである。これも卜部氏の一族が職を世襲していた。直接には主神のもとで、必要に応じ神意を尋ねたのであろう。

医師に関しては『延喜式』(典薬寮)に、遣唐使用の丸薬、散薬、膏薬が計十一種記載されている。東洋医学による治療は投薬が主だから、これらの薬を管理したのが医師だろう。篩《ふるい》や臼を拭う麻布まで準備してあったようで、薬の調合なども追加的に行ったと見られる。南北朝時代のものだが、医書『有林福田方』(巻十二)には、天平宝字年中の「遣唐回使」(第一三次)が使った薬升の規格が記されている。

陰陽師《おんみょうじ》は、律令官制の中では、陰陽寮に属して易による占いや、天文・気象現象の観測とそれに対する判断を行い、あわせて学生に、専門技術や知識を教えることになっている。遣唐使船の陰陽師は、このうち主として天文・気象関係のことや、筮竹《ぜいちく》を用いた易占を掌ったのであろう。特に天文・気象についての判断は、航海上、重要な職務だったと思われる。

画師は絵筆を取って記録に留める役で、現代のカメラマンに当たる。

射手は、船が襲われた場合の備えとして配備された。人数がどれほどだったかはわからないが、承和の遣唐使(八三八)では、六名の射手の実名が知られる。『延喜式』(兵部省)に射手の腕前を試験する規定が見え、事実、承和の六名の一人、丈部貞名《はせつかべのさだな》は近衛の一員だった。

音声長《おんじょうちょう》は音声生《しょう》を指揮して、遣唐使節の行列、舟行などに威儀を正す役目を演じたのかと思われる。船で艪を漕ぐ時、船尾近くにある太鼓を打ち鳴らして、拍子を取るのも彼らの仕事だったろう。一般に「生」の付く職は、学生である場合が多いから、この音声生も音楽を学ぶ留学生と考えられないことはない。しかし類似の名を持つ玉生《ぎょくしょう》以下の研修生とは別に記され、しかも音声長と組で挙がっているから、右のように理解するのがいいだろう。

さまざまな分野の技術研修生

次のグループは技術を学びに行く人々である。いずれも「生」が付くが、上司に当たる人はいないので、一種の留学生である。ただ、長期滞在だったかどうかは明らかでなく、おそらく学ぶべき技術分野を限って渡唐し、目的を達すれば、同じ遣唐使で帰国したのではないだろうか。技術者の種類としては、ガラスや釉薬《ゆうやく》について学ぶ玉生、鍛金技術を学ぶ鍛生《たんしょう》、鋳金技術を学ぶ鋳生《ちゅうしょう》、木竹工を学ぶ細工生《さいくしょう》ということになる。ガラスと釉薬は成分が等しく、ともに「玉」と称した。緑釉瓦を「玉瓦」(正倉院丹裏文書七五号)、それを葺いた建物を「玉殿」「玉宮」と呼んだ例もある(『続日本紀』神護景雲元年四月条)。平安時代の細工所は木竹工芸品を作った部署だから、ここの細工生も同様に解してよいだろう。

ただ、この種の研修が、右の分野だけに限られたかといえば、そうではなかったようである。たとえば「舞生《ぶしょう》」(儛生)の存在がある。延暦の遣唐使(八〇四)で渡った舞生の和尓部嶋継《わにべのしまつぐ》は、唐で蘇合香《そごうこう》という楽曲に附属する舞いを学んだが、帰国の途中、そのステップの一部を忘れてしまったという。その他にも久礼真蔵《くれのまくら》(または真茂)が、遣唐舞生として名を残している。先の技術分野もそうだが、この舞いについても、実地の指導を必要とする部分が少なくないはずである。大切な勘所ほど、そうだと言えるかもしれない。

同様なことは、薬物の鑑別に関しても当てはまる。薬や香料などこそ、偽物であっては意味を成さないが、その鑑別能力は、実物を前にして初めて体得できるだろう。事実、「薬生《やくしょう》」の存在したことが、次の史料からわかる。

我が日本国の延暦年中、叡山本師(最澄)入唐の時、空海阿闍梨《あじゃり》、元《はじ》め薬生為《た》り。同じく共に入唐し、慧果《けいか》阿闍梨に遇《あ》いて灌頂《かんじょう》を蒙る。即ち本師は先に還り、平城の北野に始めて灌頂を行えり。

この記事は、九世紀後半に活躍した天台宗の僧、安然《あんねん》が書いた『真言宗教時義《しんごんしゅうきょうじぎ》』の一節である。伝教大師最澄と空海が同じ遣唐使で渡海し、同時に密教を請来したことにふれている。

空海は薬生だった

注意されるのは、空海が「元め薬生為り」とあることである。入唐前の空海が、どういう立場にあったのかを詳しく語る史料はないが、正式な僧侶となったのは意外に遅く、入唐の直前だったとする説が有力である。最澄や空海の船は延暦二十二年(八〇三)に出発したものの、悪天候で一旦渡海を断念、翌年に再出発した。空海の出家得度を承認した太政官符(延暦二十四年九月十一日付)では、空海は延暦二十二年四月七日に出家したと記す。これは一回目の出発の直前である。この時、空海は三十一歳だった。つまり空海は、最初の任命時点で、まだ正式の僧にはなっていなかった。空海は当然僧として仏教を学ぶため、入唐を志したはずだが、僧籍にない以上、僧としての留学はかなわない。おそらく空海は、それでも入唐したい一心で、薬生となる道を選んだのではなかったか。

空海と薬は不似合いのようだが、そうではない。もともと大学寮《だいがくりょう》出身の空海は、二十代から、仏教以外の学問に造詣が深く、道教にも通じていた。道教は医術や博物学とも関係があり、薬の知識は必須である。空海のこの方面に対する造詣の一端は、青年期に書いた『聾瞽指帰《ろうこしいき》』に表れているが、晩年の著作『秘密曼荼羅十住心論《ひみつまんだらじゅうじゅうしんろん》』にも、医薬の知識が見事な比喩になって使われている。空海なら、十分薬生として推薦を受けられるだけの教養を備えていたと言えよう

（拙稿「空海の入唐資格と末期の遣唐使」）。

ただ、先の安然の記事の原文「元為薬生」に関しては、「並学生」としている異本もある。そうなると単に空海も「学生」すなわち留学生だったというに過ぎないこととなるが、ここはやはり「元為薬生」が本来の文だろう。「元為薬生」では何のことかわからない、これは誤りがあると判断した後代の人が、「並学生」と改めたのである。なるほどこれなら意味は採りやすいが、このようなわかりきったことを、安然がわざわざ書いたとは思えない。また「元《はじめ》」という文字も、存在意義がなくなってしまう。「並学生」は、後からわかりやすく改変された文と見るべきである。

ともあれ、留学生だけでなく、こうした実技を学ぶ研修生が派遣されていたことも注目する必要があり、これらの人々が、唐の文化を受け入れる具体的な場面で、重要な役割を果たしたことが想定できる。ただ、留学者に対する手当の額と比べれば、これらの人々への手当は格段に低く、使節の第四等官やその下の史生にも及ばない。これらの研修生に選ばれたのは、舞生の例からもわかるが、基本的に技術分野を得意とする小氏族の出身者だった。その身分は決して高くなかったから、帰国しても、特に史上に名を残すような地位には、登ることもむずかしい。舞を忘れたことによって名を留めたのは歴史の皮肉だが、かえってそこから、彼らの存在意義を読み取るべきだろう。

待遇に差の大きい留学者

最後のグループは留学者である。まず、彼らの内、中国学の長期留学者である留学生と、僧侶の長期留学者である学問僧の手当が極めて高額で、遣唐副使に匹敵することに注意してほしい。唐文化の高度な受容が、使節の外交的使命と遜色ないほど、重視されていたことがわかるであろう。誤解のないように断っておくが、長期の留学者には、唐朝政府から、別に生活費が支給される。天平の遣唐使で入唐留学した普照の伝(『延暦僧録』)によれば、彼は唐朝から年額絹二十五匹を支給され、別に四季ごとの衣服料として「時服月料」を受けたという。したがって『延喜式』のは渡航の手当であり、副使に与えられた手当と、全く同性質のものであった。長期留学者には、身の回りの世話をする傔従を引率することが認められ、その人たちには、使節の史生と同等の手当が支給された。これも使節に準ずる待遇の表れである。

興味深いのは、短期留学者について、中国学と仏教学で大きな待遇差があることである。同じ遣唐使で帰る還学僧《げんがくそう》でも、学問僧のほぼ半額が支給されるのに、中国学の短期留学者である請益生《しょうやくしょう》の手当は、還学僧の半分にも及ばない。その額は、主神・医師・陰陽師・画師などと同じである。この大きな違いが何によるのかは定かでないが、請益生の手当が技師クラスと同等ということからすれば、比較的限られた専門領域の研修という役割が期待されていたのかもしれない。それに対して還学僧には、もっと切実で重大な使命を託すということが前提だったのではないだろうか。

ある短期留学生(請益生)の例

実例を見てみると、延暦の遣唐使(八〇四)で明経《みょうぎょう》請益生として入唐した人に、伊予部家守《いよべのやかもり》がいる。家守は唐で儒書の『春秋』や字書について学んだ。彼の留学成果は著しく、日本に発音引きの中国語辞書を本格的に導入するきっかけを作った。それまでは、部首引きの漢和辞典である『玉篇《ぎょくへん》』が優勢だったが、そこに『切韻《せついん》』という中国語辞典が持ち込まれたわけである。中国語が異国語である日本では、漢字の形態から意味に到達できる漢和辞典が歓迎されていたが、ようやくこの時期になって、発音による辞典が本格的に導入されることになった。

家守のもう一つの功は、儒教の古典『春秋』に関して、これまで伝わって学習されていた左氏伝の他に、公羊伝《くようでん》と穀梁伝《こくりょうでん》という二つの注釈を学んで帰り、これを左氏伝同様、大学寮で学生に講義できるようにしたことである。中でも公羊伝は、天武系の皇統が絶えたあとを受けて、天智系から新たに皇位を継いだ光仁・桓武朝にとって、都合のよい主張を含んでいたから、朝廷から大いに喜ばれたようで、その政治的な影響は少なくなかった(拙著『遣唐使船』)。

このように家守の帰朝は意義深いものとなったが、学んできた内容だけを取れば、完全に新しいことではない。『切韻』も、書物としてはこれ以前から入っており、家守は、音韻や文字の学の足りなかったところを補ったというべきだろう。『春秋』の注釈についても同様な評価ができる。つまり請益生の使命は、「請益」が本来意味しているように、今あるものに「さらに増す」ことだったと言えるだろう。

そのことは、家守以外の例を見ると、一層はっきりする。請益生には、その分野の専門家が選ばれ、帰国して留学に関する著作を提出する者がある。律令学を修めた明法《みょうぼう》請益生の秦大麻呂《はだのおおまろ》は、天平七年(七三五)に帰国して『問答』六巻を献じた。自分の課題や疑問について唐で学び、それを問答形式の著作にして提出したのである。平安前期に編まれた『令集解《りょうのしゅうげ》』には、八世紀以来の令の注釈書が集成されているが、その中には『唐答』と称する書なども、断片ながら引かれている。唐人の注釈とも見えるが、唐人からの回答を記した書だった可能性も考えられていいだろう。『唐決』も、日本の仏教界からの質問に対する回答だった(三八頁)。

陰陽道の分野では、春苑玉成《はるそのたまなり》の名が知られる。彼は陰陽師兼陰陽請益生として、承和の遣唐使（八三八）で入唐、帰国してやはり『難義《なんぎ》』一巻を奉った。これも唐で得た疑問への回答をまとめたものではないだろうか。養老の遣唐使（七一七）で入唐した大倭小東人《やまとのおあずまひと》（のちの大和長岡）などは、単独の著作こそ残さなかったが、帰国して早速に養老律令の編纂に参画しており、おそらく唐の最新の法律事情を持ち帰るため、請益生とされたのだろう。

短期留学僧（還学僧）の使命

仏教関係の短期留学である還学僧も、請益生と本質的に変わりはなかった。課題を携えて渡唐したことは、承和の遣唐使に加わった天台宗の円載《えんさい》が、唐の天台山で問うべき未解決の疑問を用意していたことからも明らかである。それならば、なぜ請益生とは段違いの手当が与えられたのだろうか。その理由はわからないが、僧侶には俗人の留学者とは異なる特別な使命があったことが考えられる。

仏教の世界では、特殊な経典や修法《ずほう》を請来するだけで、大きな影響を与えることが可能である。一例を挙げれば、常暁は大元帥法《たいげんほう》という修法を、揚州で学んで帰り、一躍時代の寵児になった。しかもそれだけではなく、僧侶ならではの役割が期待されていた節もある。かつて関晃氏は、七世紀末の遣唐使派遣空白期に、新羅に留学した僧が目立ち、さらに帰国後は還俗して仕官した者が少なくない一方、俗人の留学者が見当たらないことを注意されている(『帰化人』)。俗人より僧のほうが、異国に抵抗なく受け入れられ、自由に学んで怪しまれないという利点があったのではないだろうか。僧侶は通常の社会の外にいる存在であり、しかも心がければ、幅広い知識に接することが可能だった。そうした僧侶の立場を考慮して、その活躍が期待されたという側面もあったのではないかと推察される。

仏教関係の短期留学者で目立つのは、天台宗を本格的に伝えた最澄と、真言密教の請来者、空海の存在である。とくに空海は、先に書いたとおり、何としても入唐したい意欲に燃え、最終的に留学僧の資格を得た。しかし、持ち前の語学力を生かして密教の完全な伝授を受けると、帰りの遣唐使で早々に帰国してしまう。遣唐使の派遣が間遠になって来つつあるのを感じ取った彼は、日本で布教する機会を一刻も早く確保したかったのだろう。

長期留学者——阿倍仲麻呂と吉備真備

いずれにせよ、遣唐使の真の主役が、これら長期・短期の留学者だったことは間違いない。日本の場合、国内統治のために中国王朝の権威を借りる必要がなく、複数の外国勢力に脅かされて、外交努力をしなければならないような条件がほとんどなかった。外交使節の主な使命は、文化的なものに限られていたと言える。次に長期留学者の実態を見てゆこうと思うが、まず俗人では、阿倍仲麻呂と吉備真備を挙げるべきだろう。

この二人は、同じ養老の遣唐使(七一七)で入唐したが、出自は全く異なる。仲麻呂は当時十六歳(増村宏『遣唐使の研究』)、正五位下の船守《ふなもり》を父に持ち、七世紀以来の中央の名族、阿倍氏の出身であるのに対し、真備は祖父、父とも五位には達しておらず、しかも岡山地方の豪族出身である。年もすでに二十三歳になっていた。仲麻呂は入唐した後、唐の太学に入学、科挙に合格して左春坊司経局の校書(皇太子付きの書物校正係)に任じられた。この職は、貴族の子弟が任官を希望する清官《せいかん》(格式は高いが実務の少ない官職)である。仲麻呂は、玄宗皇帝の愛顧も受けて、その後も順調に昇進を重ね、皇帝に近侍する左補闕《ほけつ》に至った。しかし天平勝宝の遣唐使(七五二)が帰国する時、願い出て許される。序章に引いた仲麻呂の和歌は、この時、明州で詠んだと伝えられる。

遣唐使出発に先立ち、御蓋山《みかさやま》の南で神々に祈る行事のあったことが、養老度(七一七)や宝亀度(七七七)の例から知られるが、仲麻呂には、その神事が想起されていたのだろう。しかし、船がベトナムに漂着して帰国は実現せず、昇進して安南節度使となり、七七〇年(大暦五年、日本の宝亀元年)、在唐のまま没した。日本人としては珍しく、唐の官人となった人である。

一方、吉備真備は、入唐後の消息が明確ではないが、『旧唐書』倭国伝に阿倍仲麻呂と並んで取り上げられている留学生が、彼に当たるとする意見が昔から有力で、おそらくそう考えてよいだろう。それによると彼は、唐に着いた後、鴻臚寺《こうろじ》で四門学《しもんがく》の助教、趙玄黙から出張講義を受けたという。在唐は十六年に及び、次にやって来た天平勝宝の遣唐使に従って帰国した。その時、唐朝で受けていた留学の手当は、全て書物に換えて持ち帰ったという。それを裏書するように、帰朝後献上された真備請来の漢籍は、儒教でいう中国学の全分野、礼・楽・射・御・書・数にまたがっている(拙稿「遣唐使の文化的役割」『遣唐使と正倉院』所収)。彼自身、百科全書的な知識をマスターし、基本となる漢籍をもたらしたということだろう。ここに短期の留学には見られない特色が現れている。

留学者の目的

真備には、阿倍仲麻呂と違って、太学に入学した形跡がない。第二章で少しふれたが、唐の制度では、高等教育機関が、原則として入学者の出自を基準に、三つに分かれていた。三品《さんぴん》以上の貴族子弟は国子監《こくしかん》に、四品《ひん》・五品の子弟は太学《たいがく》に、それ以下の子弟は四門学に、という具合である。日本からの留学生にも、この基準が適用されたのだろう。仲麻呂は、唐の五品に当たる正五位下船守の子だったが、真備の父は、生涯の最後になっても、右衛士少尉(従八位上相当)という低い官職でしかない下級官人だった。

阿倍仲麻呂のような名門子弟の入唐留学は稀である。国内での勉学に関しても言えることだが、貴族の息子や孫たちには、「蔭《おん》」といって、祖父や父の地位に応じた恩典があり、一定の年齢になれば、官に出仕することができた。最初に賜わる位も、あらかじめ決まっている。それに対して、終生五位に達しない中小氏族の子弟は、学問や実務の能力をテストされて、官途に就くしかなかった。貴族であればあるほど高い教養が求められ、科挙合格が宰相への資格となった中国とは、大変な違いである。

したがって、日本にも大学寮という高等教育機関が置かれていたとはいえ、貴族の子弟なら、あえてそこで学ばなくても将来を約束されているから、入学希望者は少ない。吉備真備はこの大学寮出身と見て誤りないが、彼のような人物が、学歴を出世のバネにしようとして学ぶことが多かった。入唐留学は、その最終コースとも言えるだろう。実際、無事に留学を果たして帰れば、普通の経歴を歩んだのより遥かに高い叙位、任官が待ち受けていた(加藤順一「律令官人と遣唐使」)。真備などは、帰国後すぐに無位から正六位下に叙され、大学寮の助(次官)や東宮学士に任じられる。特に東宮学士となって、後の孝謙(称徳)天皇の教育に関わったことは、彼の将来に大きな影響を与えた。色々な浮沈があったとはいえ、晩年に正二位、右大臣にまで登りつめたのは、孝謙(称徳)天皇との縁なくしては考えられないだろう。学問のある人が宰相になったという現象だけとると、中国の政界と同じようだが、これは真備の留学が切り開いた思いがけない栄達の道だった。

留学者には、長期短期を問わず、真備タイプの人が多い。長期留学者には、帰国して大宝律令の撰定に参画した白猪史宝然《しらいのふひとほね》のように、渡来系の人物も少なくなかった。序章で書いた井真《せいしん》成《せい》が、まさにそうである。彼は葛井《ふじい》氏の出身と見られるが、井上氏出身とする論者もある。しかしどちらにしても、南河内の渡来系豪族に変わりはない。真備と共に無事帰国できていたとすれば、真成にどういう将来が開けていただろうか。

留学を目指した僧侶たち——道昭、道慈、玄昉、円仁など

以上に見た事情は、僧侶の留学者にも当てはまる。僧侶は宗教者と思われがちだが、八〜九世紀までの僧侶は、基本的に官吏の側面を持っている。出家、得度には国家の厳しいチェックがあるが、一旦認められれば、税負担の免除があり、その行政能力や修行の程度に応じて、役職や位階が与えられた。官の寺に住んで国家に奉仕するのが勤めであり、原則として寺外で一

般人に布教するのは厳禁である。もちろん官人とは別世界だが、もう一つの官人社会を作っていたと言っても言い過ぎではないだろう。したがって僧侶の出身母体は、中下級官人の出身母体と同じく、中小の氏族、特に文筆技術に長けた渡来系氏族が少なくない。留学した僧たちもまた、帰国して自分の履歴に花を添えようと考えていたのである。

長期留学僧の中で、大きな足跡を残した道昭《どうしょう》、道慈《どうじ》、玄昉《げんぼう》、円仁《えんにん》といった人々は、みなこのタイプである。道昭は、河内を本拠とする渡来人、船《ふね》氏の出身で、第二次の使節(六五三)とともに入唐し、当時インドから帰って活躍していた玄奘三蔵《げんじょうさんぞう》に師事した。請来した多量の経典は、みな筆跡が優れていて誤りがなかったため、奈良時代の写経所でも手本とされたほどだったという。遣唐使以外にも七世紀に入唐した留学僧には、智通《ちつう》、智達《ちたつ》など、玄奘に直接学んだ者がいた。

道慈は、法隆寺近傍の中小豪族、額田部《ぬかたべ》氏から出た。一族には外交に従事した人物もいる。大宝の遣唐使(七〇二)とともに渡唐し、十六年にわたる留学を終え、養老の遣唐使(七一七)で帰国した。三論宗《さんろんしゅう》を専門としたが、その見識は広く、奈良時代に護国経典として尊重された『金光明最勝王経《こんこうみょうさいしょうおうきょう》』は、中国訳されたばかりの段階で、彼がいち早く持ち帰った可能性が高い(拙稿「太子信仰の系譜」、「阿修羅像と天平文化」)。唐での経験をもとに、日本の仏教界の刷新を提言したり、唐の西明寺の伽藍《がらん》にならった大安寺の造営を指導するなど、幅広い影響を与えた。

玄昉は、道慈と同じく、下級官人を多く出した阿刀《あと》氏の出身だった。阿倍仲麻呂や吉備真備とともに、養老の遣唐使で渡唐、玄宗皇帝の愛顧を受けたという。彼は、帰国に際して、最新の訳を含む五〇四六巻の経典をもたらし、後の写経事業に役立てられることとなった（山本幸男「玄昉将来経典と「五月一日経」の書写」）。帰国後は一躍して僧正に任じられ、政界とのつながりも強かったが、それが災いして、最後は大宰府の観世音寺に退けられ、そこで没した。聖武天皇の推進した国分寺建立の構想は、渡海して中国の大雲寺や開元寺など、類似の体制を知った玄昉の着想に負うところがあると言われる。

円仁もまた、下野国の豪族の出である。最澄に学んだ天台宗の僧だが、承和の遣唐使（八三八）で入唐した。入唐時の資格は請益僧だったが、天台山への訪問が許可されなかったことから、独自の行動をとり、不法滞在の形で学問に励んだ。会昌《かいしょう》の廃仏（八四五年、唐の会昌五年）に遭遇するなど、苦難を嘗めたものの、十年にわたる在唐の後、無事帰国することができた。最澄や空海の持ち帰らなかった経典や、それ以降の新訳経典などを意識的に請来し、日本の密教の発展に大きな役割を演じたと言える。その紀行『入唐求法巡礼行記』は、日唐交流史の史料であるばかりでなく、唐の歴史を知る同時代史料としても、高く評価されている。なお、円仁に関しては、先に挙げた佐伯有清氏の『最後の遣唐使』や、それに先立つライシャワー氏の研究(『円仁　唐代中国への旅』)が、よい手引きとなるだろう。

中臣鎌足の長男・定恵の入唐――藤原氏と遣唐使

なお、これら出自の低い人々に対し、名門の子弟として見逃せないのが、定恵《じょうえ》(貞慧とも書く)の存在である。定恵は大化改新の立役者、中臣鎌足(のち藤原賜姓)の長男で、第二次の使節(六五三)に付いて十歳で唐に留学した。奈良時代にできた『貞慧伝』では、翌年十一歳で入唐とするが、これは到着時のことを記したのである。かれは十一年にわたって唐で学び、六六五年(天智四年)に百済経由で帰ってくるが、途中、彼の才を妬む百済人に毒を盛られ、その年のうちに亡くなった。その事件の背後には、単に個人的な怨恨にとどまらない政治的な理由があったかもしれない。唐では長安の慧日寺に住んで、玄奘の弟子の高僧神泰《しんたい》に学び、仏典だけでなく漢籍にも通じ、詩文や書にも才を示したと言う。

こうした伝記の記事がどこまで信頼できるかは問題だが、その入唐年齢が十歳という一事を見ても、並外れた才能の持ち主だったことは確かだろう。鎌足が、このような年若い息子を留学させたのは、相当な決意があったからに違いない。鎌足は、中臣氏という固有の氏族の出身であり、しかも神祇祭祀を職とする家柄だった。しかし一見保守的と見られそうな出自とは逆に、彼は早くから仏教信仰を持ち、儒教を修め、さらに天智朝には唐との外交折衝に当たるなど、開明的で進取の気性に富む人物だったと見られる。定恵の留学には、鎌足の積極的な目論見があったのだろう。当然仏教以外にも様々な新知識をもたらすことが期待されていたと思う。

定恵の思わぬ急逝で、それは具体的な実を結ばなかったが、何も得るところがなかったとは思われない。定恵が学んだことの幾分かは、鎌足や次男の不比等《ふひと》に継承されたと見るべきである。遣唐使時代を通じて、藤原氏は終始積極的に使節や留学者を送り出し、中国文化との接触を重視した形跡がある。不比等の子の宇合《うまかい》、房前《ふささき》の子の清河《きよかわ》、仲麻呂(恵美押勝《えみのおしかつ》)の子の刷雄《さつお》(請益生)など、主要人物やその息子の入唐は、他の中央貴族にあまり見られないことと言ってよい。平安時代にかけて、藤原氏が政界に覇を唱えるようになる基盤は、鎌足の時代から形成されつつあったとしなければならない。

異色の国際人・霊仙

このように、僧俗を問わず、いわば故郷に錦を飾る目的で留学した人々がほとんどだった中で、異色の国際人が出ていることは、ぜひ記しておかなければならない。それは空海、最澄らと共に延暦の遣唐使(八〇四)で渡唐した僧霊仙《りょうせん》である。興福寺の僧だった霊仙は、おそらく学問僧の資格で入唐し、長安でインド僧の般若三蔵が行っていた、サンスクリット語(梵語)原典から経典を中国訳する事業に参画した。霊仙の役目は、梵文を一句ずつ取り上げて漢訳し、それを書き留めるという、「筆受」と「訳語」だった(石山寺蔵『大乗本生心地観経』訳場列位、堀池春峰「興福寺霊仙三蔵と常暁」)。梵語・中国語に精通して、自由に操れなくては、とても勤まる役ではない。空海と同様、語学に天才的な能力があったのだろう。こうした訳経に参加した僧は、日本人では彼一人しか知られていない。

その後、霊仙は皇帝に仕える内供奉《ないぐぶ》という職に任じられているが、これまた日本人として他に例がない。のちに霊仙は、華北の聖地、五台山に籠ったが、そこで彼の才を妬む唐人のために毒殺された。その間、嵯峨天皇から砂金を贈られたこともあり、霊仙は弟子に託して、新訳の経典や仏舎利を献じている。正確な没年は不明だが、在唐はほぼ四半世紀に及んだ。霊仙の出自は明らかでなく、その活動も彼が初めから目指したものとは確認できないが、日本にほとんど史料がないことからしても、名門出身とは思われない。遣唐使の時代ならではの異才と言うべきだろう。

来日した人々

遣唐使は、日本からの渡航だけでなく、もちろん外国人の来日を迎える通路ともなった。その来日も、一時的な滞在から、日本に骨を埋めた人まで様々である。しかし、大きな特徴としてまず述べておかねばならないのは、来日する人が全体に少ない中にあって、とりわけ唐の外交使節がほとんど見られないことである。遣隋使時代を入れても、中央から皇帝の使いが訪れたことは、裴世清《はいせいせい》の一行(六〇八)、高表仁《こうひょうじん》の一行(六三二)、孫興進《そんこうしん》の一行(七七八)の計三回しかない。天平宝字の使い(七五九)が帰る時、唐がつけて寄越した船員と水手《かこ》の一行があるが、これは外交使節とは言えないし、たとえこれを数えても、回数は限られる。こうなった主な理由は、日本の天皇が、中国皇帝から冊封《さくほう》されなかったことに求められるだろう。時代は下るが、明との国交があった室町時代には、十五世紀はじめの十年間程に、九回の明使が来日し、第一回が禅僧であった他は、判明する限り全て明の官人だった。

日本は東海の果てにあったから、唐の皇帝には、臣下ではあっても、天皇を日本国王に封じて間接的に影響を及ぼす必要が感じられなかった。日本は、それをよいことに、唐に対して外交上の名分を争うことを避け、国内では天皇を皇帝と位置づけたのである。したがって唐の外交使節が来日すれば、そこに抜き差しならない摩擦が生じる。特に律令制の完成後初めて、遣唐使を送って来日した孫興進一行の場合は、まかり間違えば、日唐の外交的体面が衝突して破局しかねない事態だった。幸い唐側の大使が、帰りの遣唐使船の遭難で行方不明となったため、決定的な対立は回避されたが、無事来日できた唐使の一部とは、虚々実々のやり取りがあった。唐使を蕃夷の使いとして遇そうとした朝廷には、まさに綱渡りの対応だったと思われる（拙著『遣唐使船』）。

なお、この時の詳細を記したと称する壬生《みぶ》家伝来の古文書というものが知られているが、これは幕末に捏造された史料である（廣瀬憲雄「倭国・日本の隋使・唐使に対する外交儀礼」）。ともあれ、このように唐を相手に困難な外交を迫られることや、厳しい決断を求められることはめったに起こらない。ここにも日本が置かれていた国際関係上の特殊な条件が反映している。歴史を通じて、この条件に大きな変化はなかったから、日本の統治者に、今もって外交的センスが欠如しているのも、いたし方ないかもしれない。

鑑真の来日

もう一つ記しておかなければならないのは、来日した人々の地位や分野に大きな偏りがあることである。圧倒的に僧侶が多く、他分野の人物が少ない。また、僧侶の中には唐ですでに名を成していた人もいるが、多くは無名の一般人で占められている。もちろん現存する史料からの判断だから一定の留保は必要だろうが、中華思想の強い知識人が好んで来日するとは思われず、来日のチャンネルも限られていた以上、これが大勢とみて誤りはないだろうと考えられる。

その中にあって、質量ともに飛びぬけているのが、鑑真《がんじん》とその一行がもたらした影響である。日唐交流史上、鑑真の存在はあまりにも有名で、日本に戒律の精神と儀礼を本格的に伝え、唐招提寺の開祖となったことは、現代の中国でもよく知られている。彼は六八八年(日本の持統天皇二年)に揚州に生まれ、七〇八年(日本の和銅元年)、二十一歳で長安に赴き、具足戒を受けて正式な僧となった。その後揚州に帰った鑑真は、天台宗の学僧として、また戒律の実践者、研究者として、高い評価を受けるようになる。四十代半ばには、華中・華南で戒律にかけては並ぶものがないという名声を得ていた。たびたび言及した二人の留学僧、栄叡と普照が、揚州の大明寺で鑑真に会い、来日を要請したのは、そのころのことである。

鑑真は、天台の高僧の一人で六世紀に活躍した慧思《えし》が、没後、東方の国に生まれ変わり、仏教を広めたとする伝承を心に留めていた。日本こそその国であり、戒律の栄えるべきところと判断した鑑真は、弟子たちに行く意志がないと知ると、反対を押し切って、渡日を決意する。それから十年、渡海の失敗や妨害を五度体験しても決意は固く、天平勝宝五年(七五三)に遂に日本の土を踏んだ。前年に派遣された遣唐使の帰国に便乗したのである。

当初、玄宗皇帝は、鑑真を招請した遣唐使に対し、日本は仏教ばかりに熱心で、道教を崇めていないと不満を述べ、道士になる留学者を残してゆくよう命じた。道教の受容を拒みたい日本側は、留学者を残すことは仕方なく認めたものの、鑑真の招請を取り下げ、渡日するかどうかの決断を、鑑真に任せてしまう。大使の無責任な態度にもかかわらず、鑑真の決心に揺るぎはなかった。豪胆な副使大伴古麻呂《おおとものこまろ》は、この機を逃さず独断で自らの船に乗せ、来日を実現させたのである。

平城京に入った鑑真は、早速日本での授戒を一任され、東大寺に作られた戒壇院を拠点に、仏教界の頂点に立つ。日本では仏教公伝以来、すでに二百年余りを経ながら、十人の正式な資格ある僧が立ち会って行われるべき授戒の作法が、実施できずに来た。留学して大陸で受戒する僧や、渡来僧はいても、ふさわしい僧を同時に十人揃えることは無理だったのである。鑑真の来日には、彼一人だけではなく、十四人の僧と三人の尼が行を共にしていた。彼らの来日で、一挙に十人(三師七証)の揃った授戒が可能となったわけである。東大寺に落ち着いたばかりの鑑真のもとへ、天皇が良弁《ろうべん》を遣わし、何人の律師がいるかを尋ねさせ、名簿を提出させているのは(『大和尚伝』)、当時の朝廷が授戒作法の確立を、いかに気にかけていたかを物語っている。

朝廷と鑑真

朝廷が鑑真に期待したのは、僧尼の身分を限定し、仏教を統制する手段として、授戒を利用することだった。しかし、鑑真がその役割だけで満足したとは思えない。そもそも戒壇の上で行われる授戒作法の精神は、壇に祀られた釈迦の遺骨(舎利)に、将来にわたる持戒を誓うところにあった。この作法の途中で、釈迦の遺言を書きとめたとされる、例の『遺教経《ゆいきょうぎょう》』が披講されるのも、今は亡き釈迦に思いを致す趣旨から出たものだろう。戒律には、正式な僧に授ける具足戒(『四分律』で二百五十戒、尼には三百四十八戒)の他、『梵網経』という経典に基づく五十八戒や、僧になる前の沙弥《しゃみ》が受ける十戒、俗人でも受けられる菩薩戒等々、様々な種類があるが、師僧に付いて釈迦に誓う趣旨に根本的な違いはないだろう。唐にいたころの鑑真は、そうした色々な戒を、場合に応じて臨時に築かれた戒壇も使いながら、盛んに授けて回っている。鑑真から受戒した人は、僧俗あわせて四万以上に登ったという。

鑑真は、官僧になる人への授戒以外に、日本でも幅広く授戒活動を行って、仏教を根付かせたいと望んでいたはずである。その証拠に、彼は三千粒もの舎利を日本に携えてきていた。舎利は、それ自体が信仰対象として尊ばれたから、君主へ献上することなども考えていたかもしれないが、それにしても大変な量で、それだけでは説明しにくい。鑑真としては、これを多くの戒壇に祀り、授戒の機会を広げてゆこうと考えていたのだろう(拙稿「鑑真和上と東大寺戒壇院」)。

しかし、出家予備軍を増大させるような、こうした活動は、朝廷にとって好ましいことではない。当時の官僧たちも、特権を失わないためには、僧侶への門は狭いほうが好都合だった。自由な授戒活動を許されないまま、鑑真は公職を免除され、大和上《だいわじょう》という名誉称号を与えられて、唐招提寺に移ることとなった。唐招提寺は、最初「戒院」「宿院」などとも呼ばれているように、具足戒を受けた僧が、律の実践を学ぶ場と位置づけられていた。律は僧侶の共同生活を維持する規則だから、その精神は、共同生活をして行く中で、はじめて体得される。その共同生活を支える費用には、東大寺時代から引き継がれた水田の収入を当てることが許された。ここでの研修は、あくまで希望者を対象にしたものであり、実際に共同生活に参加する僧がそれほど多数だったとは思えないが、国師や読師《どくじ》などの職にあった者も見える(松田誠一郎「「唐招提寺用度帳」について」)。彼らは地方に赴任して指導する役であるから、彼らを通じて鑑真の教えが地方に及ぶきっかけとなっただろう。鑑真としては、最晩年の生きがいを、こうした指導に見出さざるを得なかったと思われる。

その意味では、来日時の華やかな歓迎ぶりに比べ、彼の抱いた理想が実現されたとは、とても言えまい。仏教界の綱紀粛正が課題となった光仁朝以降、戒律の本家とも言うべき唐招提寺が脚光を浴び、朝廷の庇護のもとで寺観を整えていったが、それは鑑真の目指したものとは、かなりずれがあったと言わなければならない(拙稿「初期の唐招提寺をめぐる諸問題」)。

鑑真は何をもたらしたのか

戒律の受容ではこうした限界があったとはいえ、鑑真は弟子僧やその他多くの人々を伴って来日し、唐の全盛時代の文化を切り取る形で日本に紹介したことによって、大きな刺激を与えた。まず一例として、木彫仏の定着が挙げられる。鑑真一行が新しい仏像を紹介したことが、奈良時代末から平安時代にかけて、木彫の仏像が盛んに作られるきっかけになったのは、従来から言われているとおりだろう(岩佐光晴『平安時代前期の彫刻』)。

また、これもよく話題になることだが、鑑真が天台宗の仏典を、まとまって請来したことも注意される。初めての輸入ばかりではないが、中国では長い歴史を持ち、唐代に流行していた天台宗が、その研究者によって移植されたところに意味がある。のちに日本の天台宗を開くことになる最澄が、奈良で鑑真請来の典籍を学んだのは、決して偶然とはいえないだろう。最澄が唱えた「大乗戒」という独特の戒律概念も、鑑真のもたらした『梵網経』の戒律思想なしには考えられない。

なお、このような仏教学の面で注目しておきたいのは、鑑真が経典の校訂を盛んにしたことである。『続日本紀』の鑑真伝には、失明していたにもかかわらず、彼が経典を暗記していて、写本の誤りを正したとある。これについては、鑑真の名で出された一通の手紙が、改めて顧みられなければならない。それは正倉院に残る次のような手紙である（「鑑真奉請経巻状」正倉院塵芥文書第三十五巻）。

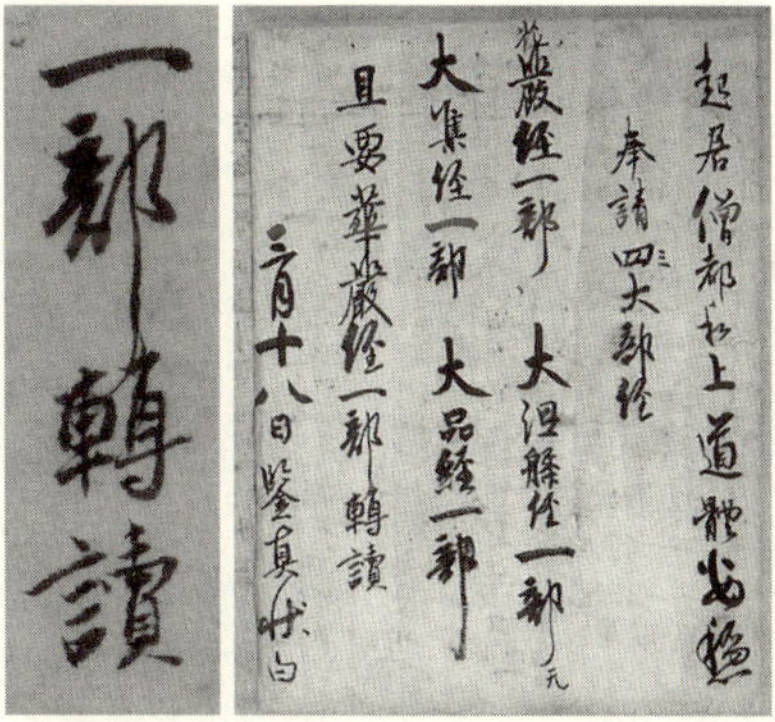
鑑真の書状と，文中の「転読」の文字．正倉院塵芥文書第 35 巻より

起居僧都和上、道体安穏
　奉請四「三」大部経
「花」厳経一部　大涅槃経一部「无」
大集経一部　大品経一部
　且要華厳経一部転読
　　三月十八日鑒真状白

この手紙は、鑑真の自筆かどうかをめぐって以前から話題を呼んできた。前後に貼り継がれた文書から、書かれたのは天平勝宝六年(七五四)、鑑真が平城京に入ってひと月あまりのことわかる。内容は、鑑真が僧都(おそらく良弁)に宛てて経典四種の借用を依頼したもので、それが東大寺写経所に転送され、貸し出しに当たって、「三」「无」が書き加えられている。しかしそれとは別に、「転読」の二字は、その上の「部」と筆画が重なっていて、一旦書き上げられたあとで追加されたことがわかる。書き加えの「花」も、草冠の特徴が本文の「華」とそっくりなので、脱字を補なったのだろう。このほか罫線がわりに入れた折り目に合わせて筆を運ぶなど、手紙の筆者は全く正常な視力の持主だった。鑑真は目が少しは見えたのだとする説も、以前からあとをたたないが、『唐大和上東征伝』や『続日本紀』の伝えを全て否定でもしない限り、この手紙を自筆というのはむずかしい(拙稿「鑑真書状再考」『万葉集研究』二九集)。

さて「且要華厳経一部転読」の「且」は、この場合「とりあえず」の意で、四部の経のうち、さしあたり『華厳経』がほしいというのである。見逃せないのは、これらの経典がどれも珍しいものではなく、種類としては鑑真自身が唐から携えて来たものと重なることである。これより先、入京直後にも、『遺教経論』(『遺教経』の注釈)を借用しているが(『大日本古文書』四、三三頁)、これもわずか一巻のありふれた注釈である。このような経典類を、入京早々に借り出した背景には、写本を作ったり、学習したりするのとは異なる、特別な意味があったと考えるべきだろう。

鑑真の思い

結論から言えば、鑑真には、生まれて初めて訪れたこの国に、どのような質の仏典写本があるのか、確かめておきたいという思いがあったのではないだろうか。手紙に見える四種の経典に『法華経』を加えると、天台大師が大乗仏教の基本として「五部大乗経」と位置づけた経になる(『天台宗四教義』巻十一)。『遺教経』も、たびたびふれたとおり、授戒作法に関わる大切な経典だった。日本にこれまでからあるテキストが、どの程度のものなのか、鑑真が気にかけたとして不思議はない。むしろそう考えると、ありふれた経典を借り出した意味がよく了解できる。

「転読」とあるから、仏事に必要だったと考えることもできそうだが、この時代の転読は、複数の僧が代わり合って読みついでゆくことを指し、後世のように飛ばし読みすることではなかった(榎本栄一「経典の転読について」)。転読される経を聞きながら、鑑真が判断を下していったとすれば、点検のさまが目に浮かぶようである。

鑑真の来日後しばらくして、東大寺の写経所では、写経の校訂に力が入れられるようになり、それは鑑真来日の影響ではないかとする説が、すでに出されている（宮崎健司『日本古代の写経と社会』）。その校訂の際、鑑真の携えてきたテキストが原本として使用されることがあった（杉本一樹「聖語蔵経巻『四分律』について」）。入京後まもなくの経典借用は、別の面から鑑真の影響を裏付ける材料になるだろう。

こうして校訂の機運が盛り上がったことは、日本の仏教が、単に経文を写させて功徳を積む段階から、一歩進んで仏典研究の入口に立ったことを示している。奈良時代後半以降、遣唐留学者の持ち帰った仏典について、その真偽問題が持ち上がってくる。膳《かしわでの》大丘《おおおか》が請来した金剛菩薩註の『金剛般若経』、僧戒明《かいみょう》が請来した『釈摩訶《しゃくまか》衍論《えんろん》』などを巡る論争がそれである。こうした論争自体、仏教研究の深まりを示すが、論争で偽物を厳しく糾弾した淡海三《おうみのみ》船《ふね》が、過去に出家の経験を持ち、鑑真一行と親交を結んだ学者だったことは、示唆深い。こうして見てくると、鑑真たちの文化に対する貢献は、極めて深いものがあったと言える。

鑑真の弟子たち

鑑真の影響に関しては、東国での布教に尽力するものが出たことなど、まだ語るべきことはあるが、高弟の法進《ほっしん》と思託《したく》、日本人で弟子となった延慶《えんけい》についてだけ、簡単にふれておこう。鑑真の門下で最も知られているのは、師の伝記や古代の僧伝『延暦僧録』を書いた思託だろう。彼は後年、大安寺で講義をしたり、西大寺の造営に参画したことがわかっている。西大寺には、彼の設計になる八角七重の塔が立つはずだったが、計画変更されて実現していない。しかし、著しく唐風の強い西大寺伽藍の造営計画には、彼の助言があったと見てよいだろう。大安寺に唐風の木彫仏が伝わっているのも偶然ではなさそうである。

法進は、鑑真のあとを受けて、東大寺戒壇院の戒和上に任じられ、授戒の最高責任者となった。鑑真は自身の著作を残さなかったが、法進は日本の弟子に向けて二つの注釈書を書いた。『沙弥十戒幷威儀経』と『梵網経』の注釈である。同じ律を学ぶといっても、唐と日本では社会が違う。日本人への配慮からであろう、法進は経文の言葉を唐の風俗に照らして細かく説明している。歌舞や音楽、祭りの様子、賭け事、船舶などに関する解説は、戒律の書とは思えないほど具体的で興味深く、唐代の史料としても一級の価値がある(船舶については、第二章参照)。

延慶は、先にもふれた藤原仲麻呂の第六子、刷雄《さつお》である。天平勝宝の遣唐使(七五二)で留学するとき、一躍従五位下の位を与えられている。彼がどのような計画を持っていたかは不明だが、唐で鑑真に接するうちに、その人柄に傾倒したのだろう。出家して延慶と名乗り、鑑真に付き従って帰国、その通訳を勤めていたことが伝わっている(『大和尚伝』)。時の権力者仲麻呂の子息として、僧籍にありながら、「外従五位下《げじゅごいのげ》」の位を持つという特別待遇だった。仲麻呂が企てた祖先顕彰のための伝記編纂では、仲麻呂の父、武智麻呂《むちまろ》の伝記を担当してまとめている。仲麻呂が、天平宝字八年(七六四)に反乱を起こして敗れると、仲麻呂の息子たちはみな殺害されたり処刑されたりしたが、彼だけは仏教の行いに勤めていたとして死を免れ、還俗して隠岐に流された。しかし光仁朝にはそれも許され、以後は図書頭《ずしょのかみ》(図書寮の長官)、大学頭(大学寮の長官)、左大舎人頭、陰陽頭などを歴任している。

刷雄の位が従五位下、延慶の位が外従五位下であるところから、二人は別人とする説もないではないが、僧が俗階を持つのは例外中の例外であり、その時点で外位《げい》に切り替えたと考えれば問題はない。外位は中央官人が受ける通常の位と異なり、ふつうは地方に住む官人や有力者に与えた別系統の位階だった。仲麻呂の期待を担って渡唐したであろう刷雄にしてみれば、鑑真との出会いは予想外だったかもしれない。彼がいたことで、仲麻呂が鑑真を積極的に評価した側面があったのではないか。仲麻呂は、鑑真が唐招提寺を興すについて、自邸の建物を食堂として寄進するなど、協力を惜しまなかった。反面、鑑真との出会いは、刷雄の命を救ったことにもなる。その縁の不思議さを刷雄も終生感じていたに違いない。

漢字の発音を伝える――袁晋卿

次に鑑真以外の外国人に目を向けると、日本での漢字の発音を考える上に忘れられない人物として、袁晋卿《えんしんけい》がいる。彼が、帰国する天平の遣唐使(七三三)の船で、天平六年(七三四)に来日したことは第二章で書いた。唐での経歴は不明、来日したときも十八～十九歳の若さだったらしい。唐の正式な教育を受けた知識人とは言えない若者である。しかし、漢籍の『文選』『爾雅《じが》』を長安・洛陽の音《おん》で読めたため、日本では大学寮の音博士に任命され、晩年には大学頭にまで登った。途中、日本姓を与えられ、清村宿禰《きよむらのすくね》となっている。

漢籍を学ぶには、最初全文を音読することをマスターし、それから文の解釈に入る。その音読は、もちろん当時の中国音でなければならず、それを指導する音博士には、ネイティブの教師が理想的だった。これまでの音博士を見ると、七世紀末には、斉明朝に連行されてきた中国人捕虜出身の続守言《しょくしゅげん》と、前歴不明だがおそらく同じ経歴の薩弘格《さつこうかく》が勤めていた。日本列島の住人には、この役はむずかしかったのだろう。しかし全てが中国人だったわけではなく、天平九年(七三七)には山背連靺鞨《やましろのむらじまっかつ》という人物が在任しているから、やむをえない場合は、日本人も任用されたのだろう。袁晋卿は、こうした需要を満たす貴重な人材だった。日本の現在の漢字音が、唐代の北方音を基本にしていることは終章でふれるが、それを定着させた人として、袁晋卿を挙げても間違いではないはずである。

中国以外からの人々

遣唐使を介してやって来た外国人としては、中国以外からの人々も注意される。インド僧菩《ぼ》提僊那《だいせんな》、ベトナム(林邑《りんゆう》)僧仏哲《ぶってつ》、ペルシア(波斯《はし》)人李密翳《りみつえい》などが有名であり、そのほかにも鑑真一行の中に、イラン(胡国)人安如宝《あんにょほう》、インドシナ・インドネシア(崑崙《こんろん》)人軍法力《ぐんぼうりき》がいる。

菩提僊那は大仏開眼の導師となり、大僧正に任じられたし、仏哲はベトナムの音楽(林邑楽)を伝えた(『教訓抄』)ほか、梵語にも造詣が深かったという(安然『悉曇蔵《しったんぞう》』)。ただ、この二人を含め、先の人々が全て異国人として一世だったかどうかは定かでない。早くから西方、南方との交渉があった中国のことだから、すでに父祖の時代から中国に住み、混血した人もあって不思議はない。イラン人だから碧眼と決めてかかるのは避けるべきだろう。これらの人々も、菩提僊那を除けば、唐での地位を考える手がかりがなく、来日後の動静もわからない人がほとんどである。

日唐混血児たちの運命

最後に、来日した人々の中で、複雑な立場に置かれた人物たちを見ておこう。遣唐使で渡唐した人と、唐の女性との間に生れた人たちである。記録上、それと判明する人物は決して多くないが、それでも、僧弁正《べんしょう》の子の秦朝元《はだのちょうげん》、羽栗吉麻呂《はぐりのよしまろ》の子の翼《つばさ》と翔《かける》、藤原清河の娘の喜娘《きじょう》などが知られる。その影には、史料に残らないものの、長期滞在者を中心に、子を残したこの何倍もの人物がいたと見てよいだろう。

秦朝元の父弁正は、大宝の遣唐使(七〇二)で留学し、囲碁が上手で玄宗に愛され、遂にかの地で還俗した。朝元自身は、養老の遣唐使(七一七)で来日、経歴を生かし医術や中国語の指導者として朝廷に仕えた。羽栗翼と翔兄弟の父吉麻呂は、前章で見たように、阿倍仲麻呂の傔従《けんじゅう》である。兄弟は吉麻呂に連れられて、天平の遣唐使と共に天平六年(七三四)に来日した。翼は吉麻呂の渡唐後二年で生れており、すでに十六歳、翔もさほど年の差はなかったと見られる。中国式の命名法では、兄弟で互いに関連する文字を選ぶのがふつうだが、翼・翔という二人の名はまさにそれで、姓の羽栗とも響きあう形になっている。翼も医学、薬学、暦学などに能力を発揮し、宝亀の遣唐使(七七七)に録事として加えられるなど、その出自を生かした活躍をした(遣唐録事としての功績に関しては、拙著『遣唐使船』参照)。しかし、翔は二十五年ほど日本で暮らした後、天平宝字の遣唐使(七五九)の録事として故国に戻り、遂に日本には帰還しなかった。

藤原清河の娘、喜娘の場合は、苦難を経ての来日だった。在唐のまま、天平勝宝の遣唐大使清河が没していることがわかったのは、宝亀の遣唐使が唐に到った時だったが、亡き父に代わって、喜娘が帰国の船に乗り込んだ。しかし、喜娘の乗った遣唐第一船は、途中で悪天候に遭い、船は二つに分断され、数日間漂流した後、船首と船尾が別々に南九州に流れ着く。彼女はその舳(この場合は「とも」)にすがりついていて、命を取り留めたのだった。

そうした苦難の後、初めて目にした父の国だったが、その後の動静は全く知られない。彼女もおそらく二十歳前後、名前からすれば完全に唐女として育っていたはずである。したがって日本での生活になじむことなく、唐に帰ったということもありえようが、来日の苦難を考えると、果たしてその決断ができたかどうか、疑問も残るだろう。彼らに共通するのは、その母の来日が記録されていないことである。あるいはすでに母を失っていたのかもしれないが、全てがそうではないだろう。外国人と結婚した女性を国外に出さないという、唐の法規(貞観二年〔六二八〕六月十六日勅、『唐会要』巻百所収)に縛られ、連れて来られなかったからと思われる。国家機密が漏れるのを警戒する唐の規定が、母子を厳しく引き裂いたのであった。

第四章　往来した品々

『延喜式』に見る朝貢品リスト

遣唐使といえば新しい文化の受容に大きな役割を演じたということで、ふつうその輸入品に関心が集まる。しかし、日本が何と引き換えに唐の文物を取り入れたかも、また興味ある問題だろう。日本から唐に運ばれた品は、「朝貢品」「国信《こくしん》」などとして史料に現れるが、大きく言えば朝貢品であって、他にも色々な形での輸出品があったにせよ、それが中核だったと考えてよい。

朝貢品のリストは『延喜式』(大蔵省)に「蕃客に賜う」定まった品として見える。その内で「大唐皇」へ賜わる物が、実際には朝貢品だった。内容は次頁の表のとおりである。『延喜式』は十世紀前半に編纂されているが、内容の主要な部分が、少なくとも八世紀前半まで遡ることは、第二章で述べたとおりである。これらが朝貢品だったことは、ともに挙げられている渤海王や新羅王への賜物と比較するとはっきりする。すなわち、渤海王などへの賜物の記事では、王についで大使・副使・判官・録事ら、使節の四等官への賜物の額が列記されているが、大唐皇の項では四等官は挙がっておらず、大唐皇の次に、ただ判官と行官(派遣官)への賜物が見えるだけである。来日使節なら、必ず大使や副使がいたはずで、それが抜けているのは理解しにくい。これは大唐皇への賜物が、実際には遣唐使の持ってゆく品だったなによりの証拠だろう。品目の内訳は、「銀」以下「細屯綿《ほそつみのわた》」に到る前半と、「別送《べっそう》」の付く「綵帛《さいはく》」以下の後半に分かれていて、前半が定例の朝貢品、後半が「別貢」とも言われたオプションの品に当たると考えられる。後半の品が「別送」と書かれているのは、使節が来日するなら不自然で、語るに落ちたものと言わなければならない。判官と行官のみ見えるのは、それらの官人は、天平宝字(七六一)や宝亀(七七八)の場合のように、現実に来日することがあったからだろう。

『延喜式』による朝貢品

例貢品	銀	大	500両
	絁	水織絁	200匹
		美濃絁	200匹
		細絁	300匹
		黄絁	300匹
	糸	黄糸	500絇
	綿	細屯綿	1000屯
別送品	綵帛		200匹
	綿	畳綿	200帖
		屯綿	200屯
	布	紵布	30端
		望陀布	100端
	木綿		100帖
	出火水精		10顆
	瑪瑙		10顆
	出火鉄		10具
	海石榴油		6斗
	甘葛汁		6斗
	金漆		4斗

工芸品ではなく素材を朝貢

これらの朝貢品は大きく三つのグループに分けることができる(詳しくは拙稿「遣唐使の文化的役割」『遣唐使と正倉院』参照)。

①絁《あしぎぬ》・真綿などの絹製品、麻布
②銀、鉱物製品
③油・樹脂・植物性甘味料ほか

①は、ほとんど全て当時の税として課された品である。古代の税制では、各地の実情に応じ、繊維製品や海産物を現物で徴収した。その品目の中に①の品々を見出すことができる。たとえば美濃絁をはじめとする絁・糸(生糸)・綿(真綿)、望陀布《まぐだのぬの》(上総国望陀郡産の麻布)、木綿(楮《こうぞ》や麻の繊維)などは、賦役令に調や調の副物として挙がっている。

②のうち銀は、一般的な税物ではないが、やはり朝廷が、対馬から調として貢納させた品である(『延喜式』主計寮上)。唐代の遺跡からは、和同開珎《わどうかいちん》の銀銭が出土しており、実際にはこの形で持ち渡られたことも考えられる。鉱物製品というのは、出火水精《しゅっかすいしょう》・瑪瑙《めのう》・出火鉄であって、水精(水晶)、メノウ、鉄という素材に限れば、銀と同様なことが言える。なお、これらの製品については、あとで詳しくふれる。

③は、具体的には海石榴油《つばき》、金漆《こしあぶら》、甘葛汁《あまずらのしる》、木綿《ゆう》である。これらも賦役令の貢納品目に、調の副物などで挙げられている品である。

こうしてみると、日本の輸出品の中心部分は、調・庸や交易雑物といった貢納制度で徴収される品そのものであり、なんら特別な製品を含んでいないことがわかる。もちろん、これ以外の品が運ばれなかったわけではなく、時代による追加ないし変更などもあるが、基本は変わらない。

輸出品がこうなったのには、二つの事情がある。一つは日本側にさらに手の込んだ製品を作って輸出する能力がなかったという事情である。のちの日宋貿易の時代になると、日本の輸出品として、扇や大和画、刀などが名物となったが、それらにしたところで、諸外国の豪華な貴金属、宝石や、精緻な工芸品に比べれば、地味な物と言わざるをえない。もう一つの事情としては、たとえ入念な工芸品などを用意しても、それらより先のように単純な品のほうが、喜ばれたことが考えられる。貨幣経済の発展が不十分だった日本の古代に、貢納品となったのは、現物貨幣の意味を持つ品がほとんどだった。それらは海外でも貨幣の替わりになったことは同じである。世界から奇貨のもたらされる唐朝において、中途半端な製品より、貨幣的な物が歓迎されるのは当然だったともいえよう。

時代が下がって登場してくる輸出品に紙や砂金があるが、紙の場合、和紙の立派さが賞せられたのであって、素材の良さが受け入れられた点では、あまり変わりがない。また、砂金が貨幣そのものであることは、いまさら言うまでもないだろう。その中にあって、①に「黄絁《きあしぎぬ》」

「黄糸《きのいと》」など、中国で伝統的に皇帝の色とされる、黄に染めた品が含まれるのは、皇帝への朝貢品であることを明示する工夫だったと言えよう。

「出火水精」とは何か

こうした性格を持つ品々の内で、②に含めた出火水精・瑪瑙・出火鉄は、加工品または素材として、やや特殊な印象を受ける。これはどのように理解したらよいだろうか。『延喜式』の原文では、これらは次のように書かれている。

出火水精十顆
瑪瑙十顆
出火鉄十具

「出火」という語が付くのは、火打ち道具として使うからだと解する従来の解釈は正しいだろう。特に出火鉄が火打ち金(火打ち鎌)であることはまちがいない。この場合も、古代の遺跡からときどき見つかる鉄製の実用品を想定しておけばよいだろう。「出火水精」に関しては、水晶製のレンズという説が以前から出されている。しかし、これはメノウと合わせて考える必要がある。この記事では、出火水精と出火鉄の間にメノウが置かれ、しかも員数は「十」で揃っている。メノウも単に貴石としてのそれではなく、「出火」に関係すると見るのが妥当だろう。江戸時代、火打ち金の産地として有名だった群馬県吉井町の歴史資料館を訪れた時におそわったのだが、火打ち金で火を起こすには、よい火打ち石が要る。その石は石英質のものが適しており、純度の高い石英である水晶や、成分に石英を含むメノウが最適ということだった。もちろんこの知識は早くから知られ、実用にされてきたそうである。

　こうしたことを念頭に置くと、先の『延喜式』の記事は、すっきりと了解できる。火打ち金十具に対し、火打ち石として最適の水晶とメノウが、それぞれ十個用意されたのである。水晶やメノウというと、どうしても貴石としての用途を考えてしまうが、ここはそうではなく、実用的な意味があったと言えよう。

　結局、メノウの上に「出火」の二字が省略されていると見てよい。そのことは、空海の弟子実恵《じつえ》が、承和三年(八三六)、遣唐使に託して唐の青龍寺に送った手紙(『大唐青龍寺三朝供奉大徳行状』)を見れば、一層よく理解できる。そこには青龍寺への贈呈品として、次のような品が挙がっている。

銀装出火鉄五十六枚
無装出火鉄四十四枚
出火瑪瑙石二褁
火蘭二褁

「出火瑪瑙石」が火打ち石であることは、言うまでもないだろう。「火蘭」は、火打ち石と火打ち金を打ち合わせて出る火花を受けて、火種にするための付け木ではないかと思う。

火打ち石と火打ち金がセットとして唐に渡った実例は、実恵の手紙より早く、最澄の書いた文(『顕戒論縁起』)にも出ている。最澄は入唐に際して、次のような品を持参し、台州の長官陸淳に贈呈した。

火鉄二、加大石八、蘭木九

区切り方や解釈に異説もあった箇所だが、私は「大」の文字を「火」と見て左のように読んだことがあった（拙著『遣唐使と正倉院』四九頁）。

　火鉄二、火石八、蘭木九を加う。

火鉄が火打ち金で、それに火石（火打ち石）八個と蘭木九つを添えたと解するわけである。蘭木は、先の「火蘭」と同じものに違いない。

唐の官人は、腰の革帯に手巾（ハンカチ）や刀子、算木《さんぎ》などと共に、火打ち道具一式を入れた

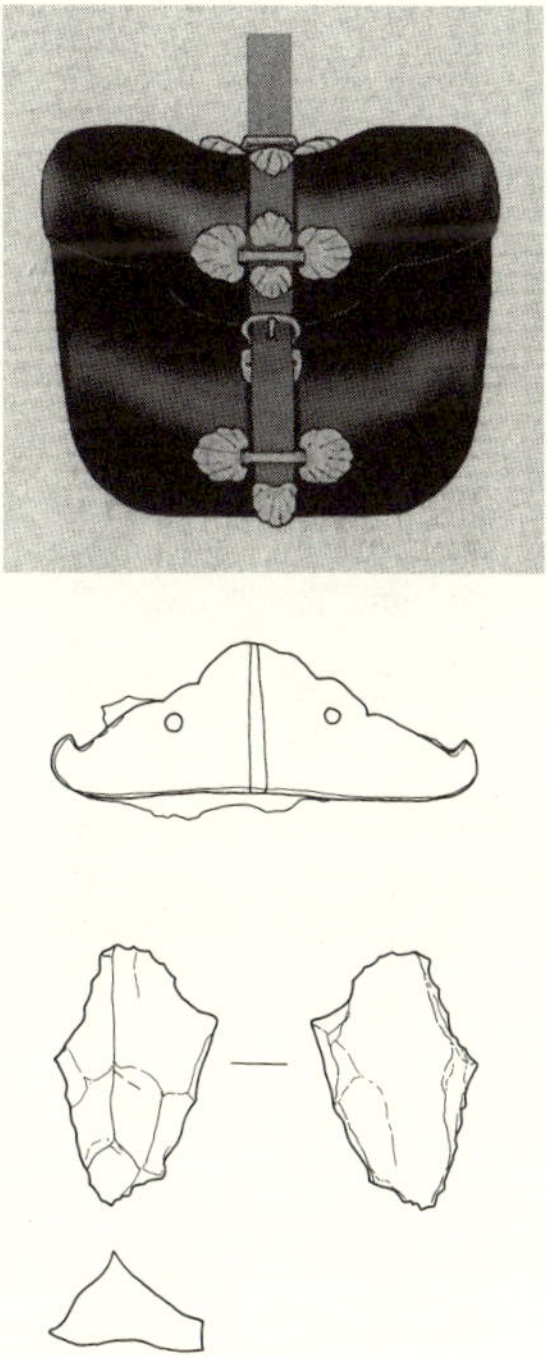

三ツ塚古墳群副葬品の革袋（復原図），火打ち金（火打ち鎌），水晶の原石．奈良県立橿原考古学研究所『三ツ塚古墳群』2003より

袋を下げていて、それらは一種の装身具でもあった(吉村苣子《ちさこ》「唐代の跕蹀帯について」)。唐に運ばれたこれらの火打ち道具もそのような形で使われたのだろう。袋の実例は残っていないが、奈良県葛城市當麻町の三ツ塚古墳群に副葬されていた革袋(九世紀、奈良県立橿原考古学研究所『三ツ塚古墳群』二〇〇三年、木櫃改葬墓13)などは、それを偲ぶ手がかりになる。この古墳群には、九世紀を中心にした中下級官人が葬られているが、彼らもこうした唐風の装身具を着けていたのだろう。革袋の中身は判明していないが、面白いのは、これとは別の墓(木棺墓1、同7)から、火打ち金や水晶の原石が見つかっていることである。これらがもとは火打ち道具の一部だった可能性も低くないと言えよう。

現物貨幣としての輸出品

以上のように考えると、出火水精や出火鉄も、高度な加工品ではなく、むしろ水晶やメノウ、鉄など、それぞれの素材の好さが売り物の品だったとするべきだろう。日本産の水晶やメノウが優れていて、輸出品になった例は後世にもあり、また巨大なメノウが唐に貢上されたりもしている(『新唐書』日本伝)。

日本製の鉄も、質が評価されていたのではないだろうか。朝貢リストには出ていないが、八世紀末以降、唐に刀子《とうす》、剃刀（僧侶用）を持参する例が出てくるし（『顕戒論縁起』、『大唐青龍寺三朝供奉大徳行状』）、のちには日本刀が日宋貿易の人気商品となる。先の最澄の用意したプレゼントを例にとれば、「刀子一、斑組を加う」とあり、実恵の手紙には「銀装」の刀子や剃刀が見える。刀子には腰の革帯に吊り下げるための組紐が付き、装飾を兼ねたものだろうが、製品としての主な価値は、刀子や剃刀の切れ味にあったのではないだろうか。

朝貢品リストの成立以降、八世紀後半ごろから有名となる輸出品には、先にもふれた紙や筆墨がある。たとえば最澄は、火打ち道具や刀子とともに「筑紫斐紙《ひし》二百張、筑紫筆二管、筑紫墨四挺」を陸淳に贈り、実恵は「播州」（播磨国）の「雑色薄紙」や「二色薄紙」、「美州」（美濃国）の「雑色戔」を託した。紙については池田温氏の優れた研究があり（「前近代東亜における紙の国際流通」）、古くは玄宗が日本の紙の好さを誉めたのをはじめ、宝亀の送使（七七九）布勢清直《ふせのきよなお》が、二種の日本紙に『文選』の詩句を書いて見せ、唐で賞賛を博したことなど、興味深い史料を紹介しつつ、宋代へかけて人気商品となることを明らかにしている。このような海外向けには、品質が選ばれたかもしれないが、紙や筆墨も基本的に税負担の一環として、諸国から徴収された品だった（賦役令、『延喜式』）。

隣国新羅が、精巧な金工品や染織品を貢上しているのに比べ、華やかさはないが、日本はこうした地味な輸出品で独自色を発揮したのである。主力の朝貢品が現物貨幣だったことからすれば、日本は全体としてみると、貨幣を支払って、唐の文物を輸入するほかなかったというべきだろう。

日本に伝わった唐の文物――「ブックロード」

次に輸入に目を転じると、目立つのは日本に残された唐代文物の豊富さである。東大寺の宝庫だった正倉院には、銘文から唐での作と確かめられる品や、銘文はなくても明らかに唐その他の外国製品と推定できる品が、少なからず蔵されているし、隋唐の仏典の写本もある。また法隆寺に伝来した香木に、古代ペルシアやソグドの文字が入れられているのは、唐を中心とする交易の広がりをうかがわせる点で、まさしく世界に類を見ない遺品である(拙著『正倉院』)。

唐前後の文物がこれほど多く伝世した地域は、世界でも日本だけであろう。しかも、そうした直接の輸入文物だけではなく、書物などでは、舶載の書物から作成された写本の数も多く、総合すれば、失われた唐やそれ以前の文化を知る大きな手がかりとなる。中国西方の敦煌《とんこう》は、多数の典籍、文書を伝えてきたことで、一種のタイムカプセルとしての意義を高く評価されているが、日本も東方にあって、それに勝る位置を占めているといっても言い過ぎではない。

日本に輸入されたものを、各分野にわたって見てゆくのは私の能力を超えるし、ある程度前著『遣唐使船』や『正倉院』でも扱ったので、本書では問題点を重点的に取り上げることにしたい。まず輸入された主なものを概括すれば、次のようになろう。

① 漢籍と呼ばれる中国の思想・制度・歴史・文学に関する書物と仏教経典
② 仏像などを含む美術工芸品
③ 薬物・香料と動植物

天台山の僧維蠲《ゆいけん》も「内外の経籍、一に唐に法《なら》い」と書いているように（第一章参照）、①の漢籍と仏典の輸入は、極めて大規模だった。文様史の学者、林良一氏の命名になる「シルクロードの終着駅」（林良一「正倉院」）という表現は有名だが、日中交流を研究する中国人学者の王勇氏は、日唐の結びつきを「ブックロード」と呼んでいる（王勇「「ブックロード」とは何か」）。

折にふれ書いたことがあるが、本当の意味で「シルクロードの終着駅」だったのは唐の長安・洛陽であり、日本はそこに栄えた西方色の濃い唐文明を直接間接に摂取したと言うのが実状であって、「シルクロード」そのものが日本につながっていたわけではない。したがって名称は魅力的でも、「シルクロードの終着駅」は誤解を招く表現と言わざるをえない。それに比べると「ブックロード」は、これから述べるとおり、日唐交流の核心を見事に突いた命名だと思う。

膨大な漢籍と仏典が伝わる

日本が中国から大量の漢籍を取り入れたことは、唐も終わりに近づいたころ、九世紀末に日本で編まれた『日本国見在書目録《にほんこくげんざいしょもくろく》』によって、具体的にわかる。この目録は当時日本に実際にあった全漢籍を部類別に書き上げたもので(太田晶二郎「日本漢籍史札記」)、いま伝わる写本は一部省略があるが、復原すると書物の種類としては千六百近く、巻数は一万七千巻弱になる。この数字を、盛唐時代の宮廷の漢籍リストである『旧唐書《くとうじょ》』経籍志と比べると、種類だけで五割強が揃っていたことになる。『見在書目録』の漢籍には、唐以前に朝鮮半島経由で伝来していたものもあるだろうが、著作年代などを勘案すると、その多くが唐代の舶載にかかることも、また事実である。

これは、紀元前からの中国文化のエッセンスが、宮廷に限られるとはいえ、日本国内に蓄積され終わったことを物語っている。その収集が、主に遣唐使に負っていることは、吉備真備のエピソード(一二〇頁参照)をまつまでもなく明らかだろう。『見在書目録』に見える漢籍は、それこそ哲学・史学・法学・文学から各種の実学まで、あらゆる方面にわたっており、それらが土台となって、律令国家が完成され、古代文化が開花したのであった。

一方、仏教経典に関しては、漢籍よりさらに早く収集が進んだ節がある。たとえば『日本書紀』によると、白雉《はくち》二年(六五一)十二月には、二千百人余りの僧尼に、難波で一切経《いっさいきょう》を読ませたことがあり、天武天皇の二年(六七三)三月には、川原寺で一切経を書写させている。これらの一切経が、どのような内容のものだったかは不明としても、七世紀半ばには、一切経と呼べるだけの経典全集が船載されていたと言えよう。それは少なくても二千巻はあったはずである。

その後も原典から中国語訳される経典や、中国で作られる経典も多く、一切経の巻数は時代を追って膨らむ一方だったが、日本では更新された一切経が逐次輸入されていった。天平六年(七三四)に僧玄昉《げんぼう》が請来した五千余巻の経典も、唐の開元年間に集成されていた経典類と見られる。天平年間には、のちに東大寺に付属する写経所で、光明皇后の発願になる一切経の書写事業が起こされるが、こうした新しい輸入経典も、それに生かされていった。

更新された一切経の輸入は、宋代以降は版本の形に変わって続くが、それに先立って膨大な量の写本として、請来されていた時代があったことを忘れてはならない。その中には、のちの一切経からは除外された経典も少なくなく、それらが平安時代に国内で企画された法隆寺一切経や七寺《ななつでら》一切経の中に、転写されて伝わり、現在の仏教学の貴重な資料となっている。これも、遣唐使時代が後世に残した遺産と言えよう。

留学者の選択による写本

いま、個々の漢籍や仏典を取り上げて説明することはできないが、こうした受容が意義深いのは、単に量が多いとか、多くの分野にわたっているからではない。重要なのは、渡海した知識人が、困難な条件の下で選び取った書物だったことである。吉備真備や玄昉などの例からわかるように、留学者たちは、有用と見た典籍を選び、書写させて持ち帰った。

その事情がよくうかがえるのは、密教の経典の場合である。密教は、唐代半ばから一世を風靡する勢いを持った学派だが、その奥義の全てを日本にもたらしたのが空海だった。したがって、基本的な仏典も、空海によって一括して持ち帰られたわけだが、空海以後に入唐した密教僧は、まだ日本に請来されていない仏典や、新訳の経典に目を光らせ、これを舶載するよう努めた。とくに空海に後れを取った天台宗では、円仁《えんにん》が典籍面での立ち遅れを補おうと、それまで未請来のものに狙いをつけて舶載したし、そのあと入唐した円珍《えんちん》も、同様だったことが明らかにされている(石田尚豊「円珍将来目録と録外について」)。

仏典ではないが、密教の修法《ずほう》に関しても似たことがあった。承和の遣唐使(八三八)で渡航した常暁《じょうぎょう》が、上京の枠から外れたことは第二章でふれたが、彼は当時華中で行われていた大元帥《たいげん》法《ほう》という修法に目をつけ、これを学んで帰り、国家安泰の効果を宣伝した。常暁はそれで一挙に有名となるわけだが、すでに多くの修法が紹介されている中、長安・洛陽にも行けずに、留学の成果を訴えるとすれば、賭けとも言えるこのような行動が必要だったろう。

また、選び取られた仏書の例を一つ挙げるなら、中国天台宗の祖師の一人、慧思《えし》（五一五～五七七）が、その前生と合わせて七代にわたり、生まれ変わりを重ねたことを記した『大唐国衡州衡山道場釈思禅師七代記』（略称『七代記』）がある。転生を繰り返した慧思は、最後に東方の国の王子に生まれ、仏法を広めたことになっている。この書物は、養老の遣唐使（七一七）に関係した人物が、客館である「銭塘館《せんとうかん》」で帰国の前に書写し、持ち帰ったと見られる（拙稿「日唐交流と聖徳太子信仰―慧思後身説をめぐって―」）。

日本では、のちに聖徳太子こそ、その慧思の生まれ変わりとする伝承が普及するが、『七代記』がこの伝承の成立に、決定的な役割を演じたことは間違いない。むしろこの書物を写して持ち帰ろうとした人物は、すでに聖徳太子との結びつきを予感していたのではなかったか。私はその人物を僧道慈《どうじ》と考えるのだが、それはともあれ、『七代記』が日本側の目で選択されたことは動かないだろう。

俗書『遊仙窟』はなぜ受け入れられたか

仏教経典以外の書物にも、もちろんこのような選択が働いている。伊予《いよ》部家守《べのやかもり》が学んで帰った『春秋』公羊伝《くようでん》などは、その適例である（第三章および拙著『遣唐使船』）。別の例を挙げるなら、『遊仙窟《ゆうせんくつ》』の場合がある。『遊仙窟』は、七世紀末の文人官僚、張文成が書いた小説であって、仙境に迷い込んだ若い官人と、仙女姉妹との間に交わされた一夜の交情をテーマとしている。隠語や掛詞《かけことば》を多用して、男女のやり取りや情交を描くなど、一種のポルノ小説といってよく、人気作家の作ということもあって、当時は流行したらしい。これに限らず、張文成の作品は新羅や日本で好評で、これらの国の使節が争って購入して帰ったことが記録に見えている（『旧唐書』張薦伝ほか）。日本ではそれが後世まで伝えられるわけだが、中国本土では早くに滅んでしまった。

このような事情を踏まえ、日本のような周辺国では、漢籍ならたとえ通俗書であっても尊重され、内容も内容だけに喜んで持ち帰られて、日本の文芸に大きな影響を及ぼしたとするのが通説になっている。確かに『万葉集』その他の作品に、本書に基づく表現が散見するのは、幸田露伴以来、よく話題にされてきた。それはそれで間違いではないが、これは単に俗書が知識人に受けたというだけの話なのだろうか。

確かに他にも猥褻な作品が楽しまれたのは、『本朝文粋《ほんちょうもんずい》』のその種の作品から推して事実だが、『遊仙窟』のような場合、より積極的な意味を持って、日本の文人に評価された面があったのではないだろうか。『遊仙窟』の請来者を山上憶良とする説があるが、その当否はともかく、舶載された『遊仙窟』が、憶良をはじめ当時一流の文人に影響したのは、もともと日本の文芸風土になじむところがあったと同時に、この種の作品を日陰者にしない文芸観があったからだろう。

儒教に縛られた中国の文学思想では、いつの時代も小説の位置づけは低く、まして男女関係を扱った作品は、公式には慰みものとしか考えられなかった。しかし、こうした観念に制約されることが少ない日本の留学者は、『遊仙窟』に、自らの文学を豊かにする表現や構想を見出したのである。そうでなければ、日本の公式の場で作られた作品に、『遊仙窟』の影響があからさまな形で見られるのは、理解しにくくなる。『遊仙窟』の請来にも、日本側の自主的な選択が、一定程度働いていたとしたほうがよい。

道教経典は選択されなかった

このような選択の目は、当然受容を拒否する方向にも作用した。その典型的な場合が、道教経典である。中国では、南北朝時代以来、仏典にならって何々経と名のつく道教の経典が多数作られた。その写本も唐代のものを中心として、敦煌発見の典籍中に数多く残っている。ところが日本には、近代以降の輸入品は別として、この種の経典の古写本は全く現存しないといってよい。しかも『日本国見在書目録』でも、こうした純粋の道教経典はわずか四種類にとどまっていて、本来あまり存在していなかったらしい。ちなみに敦煌文献中の道教経典は、九十種にものぼる。この違いは、とても偶然の結果とは思われず、道教経典が意図的に受容されなかったと見るべきだろう。天平の遣唐使(七三三)、中臣名代《なかとみのなしろ》が、帰国のために『老子』の注と道教の神像を請いうけておきながら、帰国後、それを宣伝した形跡のなかったことが、改めて思い起こされる(第二章参照)。

ただ、念のためこれに関連してふれておきたいのは、阿倍仲麻呂が七五三年に帰国を許された時、詩人としても有名な王維《おうい》が送別の詩を贈り、その序で次のように述べたことである(王維「秘書晁監の日本国に還るを送る、并《あわせ》て序」)。

金簡・玉字、道経を絶域の人に伝え、
方鼎《ほうてい》・彜樽《いそん》、分器を異姓の国に致す。

(『文苑英華』巻二六八)

「道経」の箇所だけ見ると、仲麻呂がまるで道教経典を「絶域」(日本)に伝えようとしたことを言っているようだが、対句で表現された「方鼎・彜樽」云々のくだりと兼ね合わせて考えれば、儒教の祭器を持ち帰って、祭祀を伝えるように、「道」についての古典、すなわち儒教の経典を伝えようとしている、との意味にとるべきことがわかる。王維の言葉は、道教経典とは無関係のものである。

日本から唐へ渡った書物

さてそれでは、日本からの典籍輸出はどうだったか。書籍は日本側の一方的輸入に終始したが、ごくわずかながら日本人の著作が唐へ渡っている。単独の詩文などを除けば、聖徳太子の三経義疏《さんきょうぎしょ》のうち、『勝鬘経《しょうまんぎょう》義疏』と『法華義疏』、淡海三船《おうみのみふね》が思託の著作をもとにリライトした鑑真の伝記、『唐大和上東征伝』、同じく三船の『大乗起信論注』(現存しない)等々である。これらは、六〜七世紀以来の書物の受容が、実を結んだものと評価できよう。聖徳太子の注釈の輸出は、辻善之助らによって早くから注目されてきたものだが（『増訂 海外交通史話』）、宝亀三年（七七二）に留学した誡明と得清という二人の僧が、鑑真の弟子で揚州の龍興寺にいた霊祐のもとに届けた。二人は渤海国経由で入唐したと見られる。そのうち『勝鬘経義疏』に関しては、天台宗の高僧湛然に学んだ明空が、さらに注釈を施し、それがまた、承和の遣唐使（八三八）で入唐した円仁によって持ち帰られている。また『法華義疏』だけなら、同じ遣唐使に参加した円載も、天台山に奉納した。

　三経義疏については、周知のとおり聖徳太子の作ではないとする意見もあり、とくに『維摩《ゆいま》経義疏』は太子の作でないとする説が有力である。ただ、この問題を考える場合、先のとおり『勝鬘経義疏』に、唐僧が注釈を加えたことは顧慮されていいのではないだろうか。

　『勝鬘経義疏』によく似た内容の古注釈が、敦煌文献から見つかっていることもあって、これを大陸製とする論もある。しかし、単なる古注釈や価値の低い著作なら、揚州という大都会で評価されるとも思われない。仏教に限らず古典の注釈では、大部分が過去の説の引用で、そこに一部独自の見解を付け加えるのが常道だった。よく似た先行の注釈書があるのは、むしろ当然である（拙稿「勝鬘経義疏の「文」と「語」」）。『勝鬘経義疏』を介したこのような日唐の交流は、内容の独自性が認められたことを示しており、ひいては『勝鬘経義疏』や『法華義疏』が日本での著作だったことを暗示すると言えよう。

この交流を巡っては、さらに別の側面にも注意を払っておきたい。思い出してほしいのは、聖徳太子が『七代記』の舶載によって、慧思の生まれ変わりとされたことである。『勝鬘経義疏』や『法華義疏』を唐人に見せることは、日本に転生した慧思の足跡を示すことに他ならない。今日では迷信と片付けられるこうした伝説も、日唐の知識人を深く結びつける効果を発揮したのだった。

書物請来への執念

それにしても、留学者が書物の輸入にかけたエネルギーは、すさまじいものがあった。海に沈んだ多くの写本に思いを致せば、執念の賜物といって過言ではないだろう。もちろん本が写本でしか手に入らず、しかも商品として流通していなかった時代、留学者が本にこだわったのは当然である。

しかしそれだけでなく、遣唐使の派遣がせいぜい十数年に一度で、渡唐する留学者も決して多くはなく、おまけに上京制限まであったことを忘れるべきではない。留学者は、有用な典籍をなるべく多く持ち帰ることで、広く故国の知識人に文化を伝えたいと考えた。それこそが、留学者が学問した証しであり、それを披露することで名声を手にすることもできたのである。渡唐の機会も回数も限られていた当時にあっては、いまでこそほとんどわからなくなっているが、有名な何々という書物は、誰それが請来したのだと、名指すことが可能だったと考えられる。吉備真備が『東漢観記』を持ち帰ったという史料（『日本国見在書目録』）などは、その片鱗を示すに過ぎないだろう。

もたらされた仏像や舎利

次に②（一五七頁）の美術工芸品に関しては、前に『遣唐使船』や『正倉院』で取り上げたことがある。それぞれの専門書も少なくないので、本書では、あまり立ち入らないことにするが、九世紀初め以降、入唐僧の請来品リストがよく残り、実物と対照できる場合が少なくない（奈良国立博物館『請来美術』）。ただ、八世紀までについては、正倉院の文物などに限っても、輸入品とはわかるものの、直接遣唐使に結びつくものは稀である。文献に出てくる例も多くないが、玄昉が帰国のとき「諸仏像」をもたらしているのは興味深い（『続日本紀』天平十八年六月十八日条）。どのような像か不明だが、『法隆寺資財帳』には、養老三年（七一九）に唐から請来された「檀像《だんぞう》壱具」と「舎利伍粒」が見え、参考となるだろう。

『法隆寺資財帳』は仏(如来)像とその他の像を厳密に分けて記載しているから(拙稿「法隆寺資財帳は完本か」)、この檀像は明らかに如来像で、壱具と言うからには、脇侍などを伴ったものと見られる。檀像は熱帯特産の白檀《びゃくだん》など、硬質の貴重な材に細密な彫りを施した像である。材の大きさに制約されるので、一般に小型である。長距離の輸送に適しているため、現存の檀像には、他の彫刻に比べ、舶載品が目立つ。仏像の雛形として輸入されたことも考えておくべきだろう。

舎利も含め、今の法隆寺にそれとわかる品が伝わっていないのは残念だが(国宝九面観音像は別物)、舎利は、のちに、聖徳太子が母の胎内から握って生れたとされた「南無仏の舎利」に関わるかもしれない。これらの品は、その年紀からすると、前年に帰国した養老の遣唐使の請来品に違いない。このとき帰国した留学僧の道慈は、法隆寺と深い関係があったから、寄進の背後に道慈のいた可能性が高いだろう。

みかん、茶などの植物

③の香料や薬物は、輸入品として①②に劣らない重要性があったが、輸入された実物が正倉院や法隆寺伝来の宝物中に散見するばかりで、しかも美術品ではないため、その意義が気付か

れにくい。これらについても『遣唐使船』や『正倉院』で詳しく扱っているので、参照していただきたいと思う。唐から持ち帰られた動物や植物もあったはずだが、史料に明証のあるものとして、柑子《こうじ》(みかん)を挙げておこう。和銅三年(七一〇)、「入唐学問僧道顕《どうけん》、始めて甘子(柑子)を持ち来る。仍《より》て殖えしむ」と、『僧綱補任《そうごうぶにん》』に見える。『七大寺年表』では「柑子木」とあるので、苗木が持ち帰られたのだろう。道顕は七世紀の高句麗僧道顕とは別人で、ここ以外に見えない人物だが、おそらく大宝の遣唐使(七〇二)で帰国したと考えられる。遣唐使と、柑子の育つ華中・華南との関連を示す点でも興味深い。

また果樹の関連では、留学僧として鑑真と行を共にした普照が、天平宝字三年(七五九)六月に建議して、民衆が行き来する幹線道路の両側に、果物の生る木を植えることが勅許されている。樹木があれば影に憩い、実がなれば餓えを養うこともできるというわけである。おそらくこれは、唐で街道の並木が人助けに役立っていることを見てきた普照が、その見聞に基づいて提案したのだろう。これなどは、後世に普及する街道の並木の起源といってよい。

植物では、従来限られた分野でしか関心を持たれていないが、遣唐使と茶の関係も見逃せない。唐代の中国では、すでに喫茶の風が盛んであり、朝鮮半島の新羅にも、善徳女王《ぜんとくじょおう》の治世(七世紀半ば)に伝わっている。興徳王《こうとくおう》三年(八二八)十二月には、唐から帰った使節が茶の種子をもたらし、それが栽培されてさらに盛んになった(『三国史記』)。ただ、日本への伝来や普及に関して確かな史料は残っておらず、ようやく弘仁六年(八一五)四月、嵯峨天皇が梵釈寺に行幸した際、同寺の僧永忠が茶をたてて奉ったと見えるのが、年代の明らかな古い記録である(『類聚国史』)。嵯峨・淳和両天皇や、それ以降の廷臣たちは、茶を織り込んだ漢詩も残しており(『凌雲集』『文華秀麗集』『経国集』)、嵯峨天皇は畿内や近江・丹波・播磨などの諸国に、茶の栽培と貢上を命じたりもしている。

喫茶の風習

やや下って菅原道真《すがわらのみちざね》にも、茶に関わる漢詩がある。平安前期の宮廷に、喫茶の風習が普及していったことは確かだろう。平安宮内には、その東北隅に、茶の木を植えた茶園も営まれていた。このような状況を背景に、考古学者からは、奈良時代末期以降、喫茶が行われたとする意見も出ている(巽淳一郎「都城における鉛釉陶器の変遷」)。先の永忠は、三十四年にわたる在唐経験の持ち主で、こうした唐の喫茶文化の受け入れには、遣唐使や遣唐留学者の関与があったと見るのが自然だろう。

ただ、八世紀末は、まだ茶の導入期だったと思われる。考古遺物の方から、早期に茶が普及した印しとされるのは、小さな炊き口を備えた緑釉陶器のかまどである。これは茶道でいう「風炉《ふろ》」で、茶をたてるとき、湯を沸かす道具と見るのである。風炉のことは、八世紀後半に唐の陸羽《りくう》が書いた茶道の古典『茶経』にも出ている。しかし同じ風炉といっても、酒を温めるのに使う風炉もあった。『延喜式』(斎院司・内匠寮・造酒司)に、「白銅風炉」などと出てくる調度がそれである。これらは酒壺など一連の酒器と一緒に記され、冬に使用されるものだった。風炉には茶道具以外にも、広い用途があったと見られる。少なくとも出土するかまどの場合、ほかに茶道具と見られるものを特に伴っているわけではないようだから、茶器と決め付けない方がよいであろう。

そうはいっても、遅くとも九世紀初めに喫茶の風が伝わっていたのは確かであり、その背景には種子による栽培などに先立って、製品としての茶が伝来していたと見てよい。嵯峨天皇の漢詩に、「香茗《こうめい》(茶のこと)を搗《つ》くを厭わず」(『凌雲集』)とあるように、当時行われた茶は、茶の葉を搗き砕いて餅状に固め、乾燥させた「団茶」だった。これなら携帯にも便利で、長途の輸送にも困らない。茶の木の栽培が本格化する前、こうした形の茶を輸入するのは珍しくなかっただろう。しかも唐の後半には、すでに茶の名産地や銘柄が出現していた。

「脳源茶」をめぐって

菅原道真が遣唐使停止を決意したきっかけが、在唐中の僧中瓘《ちゅうかん》の提供した情報にあったことを第一章で述べたが、中瓘は日本へ通報するとき、中国産の茶を献上していた。その名は「脳《のう》源茶《げんちゃ》」という。保存がきいてかさばらない茶は、今でも定番の贈答品だが、茶そのものが貴重で、薬ともみなされた当時、日本では相当な価値を持ったはずである。この例は、茶がどういう形態で流通していたかも物語ってくれる。

では脳源茶とは、どのような茶だったのか。実は中瓘の贈った茶の名称は、写本によって違いがあり、「⿰舟𡿺源茶」「⿱臤至源《かくげん》茶」などの異伝がある。どれが正しいのかを検討した学者もあったが、結論は出ていない（増村宏『遣唐使の研究』四二一頁）。しかし「脳源茶」がよいことは、次のような中国史料から確かめられる。

丙戌、両浙の銭元瓘、謝恩を進む。天下兵馬副元帥・呉越国王に除す。金器五百両、銀一万両、呉越異紋綾八千疋、金条紗三千疋、絹二万疋、綿九万両、大茶・脳源茶共六万四千斤。

（『冊府元亀』巻一六九）

この記事は、唐が滅亡した後、江南に勢力を張った銭元瓘が、天福三年(九三八)十月、中原を統治する後晋に献物し、呉越国王に任じられたことを述べている。金銀器や各種絹製品など、その種類や量の多さから見て、これが極めて豪華な献上品だったことは疑いない。また、『十国春秋』には、開運三年(九四六)十月、晋からの謝恩の品として、やはり豪華な品々に混じって「脳源茶三万四千斤」が見える。脳源茶も、飛び切り上等な銘茶だったと考えてよいだろう。古代には漢字に様々な異体があり、敦煌文献には、舟篇をまるで「月」のように書く例もある。つまり舟篇とニクヅキは、互いに入れ替わって書かれることがあったと見てよい。結局「脳」と「艑」は同じ字だったわけである。なお、「甕源茶」という異伝は、北宋以後、甕源茶が有名なので、文字を改めたものだろう。

これまでの茶道史では、平安前期を過ぎると喫茶の風は衰え、鎌倉時代の初めに入宋した栄西が、臨済禅とともにこの風習をもたらすまで、空白期間があったとする意見が有力だった。しかし近年は、儀式書などに茶を供した記事が現れるのに注目し、宮廷の仏事などで茶が飲まれ続けたことを指摘する研究が出ている(大槻暢子「季御読経の引茶」)。また、菅原道真と同時代の宇多法皇が、唐や渤海からの舶載品を含む高級な茶道具を、多く所蔵していたことも明らかであり(『仁和寺御室御物実録』)、茶碗として使う青磁碗が、すでに九世紀前半からかなり出土することも報告されつつある（尾野善裕「嵯峨朝の尾張における緑釉陶器生産とその背景」）。

平安時代中・後期も、喫茶の暗黒時代でなかった可能性が高くなってきたと言えよう。国内での細々とした栽培のほかに、銘茶の輸入も遣唐使時代から日宋貿易の時代へと受け継がれたのではないか。遣唐使の輸入品については、この茶一つを取っても、まだまだ解明されなければならない点を多く残している。

終章　日本文化の形成と唐文化

遣唐使の停止をどうとらえるか

寛平《かんぴょう》六年（八九四）、遣唐使の派遣が停止されて以降、遣唐使の計画は立てられないまま、九〇七年に唐は滅んだ。続く五代十国や宋以降の王朝との間に外交的な接触がなかったわけではないが、結局、正式な国交は成立せず、十五世紀まで民間交流の時代に入ってゆく。かつてはこれが日本の「鎖国」と捉えられ、遣唐使の停止をきっかけに、中国の直接的な影響を抜け出して、日本独自の文化、すなわち国風文化が形成されたと言われた。この見解を代表する著作が、森克己氏の『遣唐使』（はしがき参照）であり、学校教科書の記述もおおむねこれに則っている。私はかねてからこのような説に疑問を持ち、国風化の動きは早くからあったと考えてきたが（拙著『正倉院』）、近年の研究では、先のような筋書きは、ますます成り立たないとされるようになっている。八世紀末から中世・近世にかけて、日本の対外交流は縮小するどころか、様々な面で拡大したと考えられるからである。森氏は、十世紀前半、延喜年間に渡海禁制令が出て、日本人の海外渡航が禁止されたと論じられたが、そのような事実がなかったことも、すでに証明されている（榎本淳一「『小右記』に見える「渡海制」について」）。

実際は平安時代後期になっても、中国の文物に対する憧れや需要は、貴族や寺院を中心に強く、「唐物《からもの》」の購入に狂奔する様子が史料に現れる。平安貴族の生活に、いかに唐物が入り込んでいたかは、『うつほ物語』や『源氏物語』などからも容易にうかがえるだろう（河添房江『源氏物語時空論』）。

ただ私は、こうした動向を捉えて、あまりに対外交流が活発だったと強調する傾向にも違和感を覚える。貴族の日常生活をとっても、平安中期を境に土間に椅子の住生活はすたれ、床張り・畳使用が一般化してゆく。貴族男女の服装や女性の髪形も、明らかに唐のスタイルから離れていった。ここに和風化の画期があるのは確かだろう。国風化は八世紀以来、諸方面で進行したが、この時期に来て、極めて大きな動きがあったことも否定はできない。

これと関連して見逃せないのは、さきにふれたとおり、遣唐使の停止で、中国との正式な国交が途絶えたことである。たとえ貿易や巡礼など、私的な往来はあっても、交流の性格に、これまた大きな変化が生じた。仏教関係以外の留学がなくなり、僧侶も留学というより、巡礼の形で渡航するようになったところに、端的に時代の推移が反映している。文物の輸入という点からすれば、時期が下るほど、商品として流通する割合が高くなるから、ほとんどが下賜品か特注品だった八世紀以前などとは、よほど事情が違ってくるし、輸入される品の質も一級品とばかりは言えなくなる。皇帝や政府の特別な許可を得て、外交使節や留学者が選び取った文物と比較すれば、見劣りがあっておかしくない。民間の交流が拡大したとは言っても、政府間交流にはそれをしのいで余りある利点が伴っていたと言えよう。

外来文化受容の画期

このように見ると、遣唐使の時代は、特に質の優れた文化を受容できた時代だったことがわかる。現にこの時代に入った外来の文化要素は、今日まで続く日本文化の基盤を形成した。そのよい例の一つは、日本語に入った漢字の発音である。日本での漢字の発音には、周知のように、大きく二つの系統がある。一つは呉音と呼ばれるもので、七世紀以前に伝えられた中国の南部の発音である。時期的には、一時代前の南北朝時代の音とみられ、直接ではなく、主に朝鮮半島経由で、他の文化とともに渡来人たちがもたらしたと考えられる。呉音は日本の漢字文化の基層となり、現在まで脈々と続くことになった。主として仏教用語にこの発音が多いが、平安時代でも、種々の漢籍に呉音系の読みが使われている。

それに対して、唐代の中央で行われた標準的な発音を伝えたのが、漢音である。八世紀以降、中国学や仏教学の学習者に、たびたび「漢音」で読むべきことが命令されているが、その「漢音」が、まさにこの唐代北方の標準音である。入唐者や来日した唐人によって伝えられたが、普及には命令を出さねばならないほど、困難があった。それでも徐々に定着してゆき、仏典であっても、真言宗の基本経典の一つ、『理趣経《りしゅきょう》』のように、今日でも全文漢音で読むのが慣わしのものもある。漢音が普及するにつれ、呉音は特殊な分野に残ることになった。この経過は、日本人にとって当然の事実であるため、とくに違和感なく受け入れられている。

しかし、これが決して当たり前のものでないことは、その後もたらされた漢字音が、あまり影響力を発揮せずに終わっているのを見れば明らかだろう。呉音・漢音以外にも、ふつう唐音と呼ばれる漢字音があり、宋代、元代の音であったり、明・清の音だったりするわけだが、それらは特殊な単語に使われるだけで、広く一般化してはいない。よく挙げられるのは、行脚《あんぎゃ》、提灯《ちょうちん》、蒲団《ふとん》などである。

このことは、遣唐使以後の対中交流が持っていた問題点を、改めて考えさせる。知識人同士の交流が持続していれば、唐の標準音が一時主流になったとしても、それが長続きするとは思えない。中国語の発音は時代を追って変わっているわけで、その変化が日本の漢字音に反映されて当然である。現に朝鮮半島でも、漢語が言葉の中に大きな比重を占めているが、その発音に古代の音が息長く残ることはほとんどなかった(藤堂明保『中国語音韻論』第四章)。

宋以後の新しい発音を日本に紹介したのは、巡礼僧や、のちには禅宗の僧であり、また一貫して商人が関わったことも確かだろうが、それらは日本の中央の文化に、全面的に影響を与えるだけの力を持たなかった。室町時代には、日明間の正式な国交があったものの、両国の関係はもっぱら禅僧に委ねられていて、幕府の要人が渡航したこともない。遣唐使時代とは、中央政府の取り組み方が全く異なっていた。宋以降の交流は、それだけ規模が小さかったのである。文化における鎖国状況は、大局的に見ればやはり存在したと言わなければならない。

自らのフィルターで濾過して摂取する

この事実は、遣唐使時代に摂取された唐文化が極めて体系的で、日本の文化形成にとって、それで必要十分という側面があったことも物語っているように思う。道教を体系的に取り入れなかったことが示しているように、日本は唐文化を自らのフィルターで濾過し、文化摩擦をほとんど起こさずに摂取したが、その効率的な受容のありかたは、九世紀半ばまでに、独自の文化を作り上げるためのものを、受け入れ終わっていたと言えるのではないだろうか。唐天竺《からてんじく》・唐人・唐国・唐船・唐様等々、「唐」が中国そのものの代名詞となった例は、枚挙にいとまないが、それも十分に理由のあることである。

もちろん、たとえそうだとしても、平安中期以降の中国との関係を低く評価するつもりはないし、時代ごとに新しい刺激を受けて、創造の力にしてきたことを否定しようとは思わない。ただ、唐文化の受容という堅固な基盤の上に、それが可能だったことを認めなければならないのではなかろうか。唐の標準音が、日本の発音のスタンダードとして定着したことは、大変象徴的と言うべきだろう。

唐の文化がこれほど重大な意義を持ったのは、その受け入れが、日本の国家や文化の形成時期に合致したことも、もちろん無関係ではない。むしろ唐文化との接触なしに、日本の古代国家の完成はなかったという方が正しいだろう。それまでに入っていた朝鮮半島の文化や、朝鮮を経由した南北朝以前の中国文化が、新しい唐文化を受容できる基礎を、すでに築いていた。それを支えたのは、いうまでもなく朝鮮から渡来した人々とその子孫だった。それらの人々はいち早く新文化に対応し、八世紀以後の日本の国家や文化に貢献することとなる。

しかし、それにしても、新来の文化を受け入れるのに要した時間が、あまりに短いのには驚かざるをえない。七世紀半ばを過ぎ、遣唐使が派遣されていても、倭ではまだ中国南北朝文化の影響が強かった。それがわずか五十年足らずで、高度な唐風化が達成される。まさに幕末の開国から明治の文明開化までに匹敵する変化が、同様な速度で行われた。その変化は、これが千年以上前の出来事だったことを考えれば、明治の西欧化より、はるかに急速だったといっても言い過ぎではないだろう。

派遣空白期の対中交流

ところでこの期間の多くは、遣唐使の派遣空白期と重なるが、そこに断絶が生じなかったのだろうか。それについては、すでに入唐していた人々が帰国することはあったし、新羅を仲立ちにした交流が、一種のバイパスとなっていたという指摘が、かねてからある。しかし、かつて関晃氏が述べられたように(『帰化人』)、やはり七世紀末の百済・高句麗滅亡に伴って、大量の遺民が日本に流入したことが、その隙を埋めて余りあったということだろう。彼らの中には、王族・貴族など地位の高い人物や、学識豊かな知識人が少なくなかった。百済最後の王、義慈《ぎじ》王《おう》の子で、日本で「百済王」の姓を与えられた善光や、天智天皇十年(六七一)正月に、兵法・薬・五経・陰陽など、それぞれの分野の才能を誉めて叙位された十人余りの渡来者は、その代表である。

それらの中には、すでに唐の文化の洗礼を受けた者が、多数含まれていただろう。その証拠に、彼らの次の世代には、奈良時代に活躍し、文化に貢献したものが少なくない。たとえば、のちに東大寺大仏の鋳造を監督した国中公麻呂《くになかのきみまろ》が、百済亡命貴族の国骨富《くにのこつふ》を祖父としていたことなどが参考になる。彼の完成させた大仏が、完全に唐風を襲った円満・壮大な作品だったことは、現在大仏の台座蓮弁に残る線刻の仏・菩薩像などからわかる。単に鋳造技術にとどまらず、造形的な面でも、父の代に新風に接していたのではないだろうか。百済や高句麗というと、現存する限られた文物からは、古い南北朝時代の文化との関連が強調されやすい。しかし文化を荷う人々の階層や分野によっては、最先端の唐文化との関わりを積極的に評価する必要があるだろう。

ともすると従来は、この遣唐使空白期が唐との断絶として捉えられてきた。しかし、外交的な事情から直接交渉は途絶しても、唐文化を受け入れようとする意欲は、むしろ少しも衰えず、こうした代替方法で摂取が続いたと考えるべきである。

そのよい例が七世紀末に再建された法隆寺の金堂に見られる。この金堂では、本尊の飛鳥仏や復古的な建築スタイルとは裏腹に、完璧な唐様式の彩色壁画が壁面を飾った。この壁画は、金堂建築の完成する七世紀末までに、確かに描かれていた。それを裏付けるのは、金堂の一階部分に取り付けられた裳階《もこし》である。裳階は、金堂一階の周りを取り巻いて設けられているが、その塗装状態から、金堂本体と一体で建築されたことがわかっている。法隆寺金堂の場合、外観の美しさを阻害するこうした付属物が、建築当初から付けられたのは、壁面の外側が直接雨露にさらされるのを嫌う事情があったからだろう。つまり、壁画を保護する目的が裳階にあったとすると納得が行く。典型的な唐風伽藍の薬師寺が、藤原京に建てられるのは同じころだが、このような旺盛な唐風の受容が、単発的な移植で達成できたとは思えない。背景にはまとまった数の技術者がいたことを想定すべきだろう。

以上に見たのは、仏教文化の造形面に関することだが、これに似た事情は、広く他の分野でもあったと考えるのが自然である。八世紀になって再開される遣唐使は、このような基盤の上に、唐と安定した関係を築き、唐文化のさらに体系的な受容を目指して努力を重ねることになったのである。

文化の選択的受容とは

唐の文化は、こうして日本文化の土台を形作ったわけだが、受容の仕方には独特のものがあった。その特徴に関しては、これまで本書でも折につけふれてきたが、前著『遣唐使船』や『遣唐使と正倉院』では、人の交流の少なさと、そこから可能になった文化の選択的受容、さらには少数の渡唐経験者が文化の動向を左右する傾向などを指摘しておいた。

ここで改めて強調しておきたいのは、選択的受容の問題である。頻繁な、あるいは大規模な人の交流があれば、否応なく様々な点で文化摩擦が起きる。文化に高低差があり、地域間に政治権力の強弱があれば、強い方が支配的となるのも当然の現象であろう。しかし日本の場合、地理的な環境が人の交流を抑制し、独自の基準で唐の高度な文化を選び取ることができた。道教の全面的な受け入れを拒んだり、官僚機構の中に宦官《かんがん》を置かなかったことなどが、その結果である。

宦官といえば、唐に着いた遣唐使を送迎したり、接待した官人には宦官が少なくなかった。後に北宋になって渡海した僧成尋《じょうじん》が、その紀行日記『参天台五台山記』の中で、「黄門(官職名)は女声なり」(熙寧五年〔一〇七二〕十月十二日条)と、接待係の宦官のボーイソプラノに驚いている。入唐者は、宦官がどのようにして作られ、官僚機構の中でいかなる役割を果たしたかは熟知していたはずである。しかし日本では、女官にその役割を演じさせ、遂に宦官を導入することはなかった。去勢は牧畜の習慣と結びついていて、それがない日本では宦官がなかったのだという解釈もある。しかし単にそういう問題ではなく、なんとしても導入しなければならない必要を、日本の朝廷は感じなかったというのが正しいだろう。さらには、そのような判断をし、それを実行できるだけの距離を、中国との間に取ることができたと言わなければならない。

日本が広い意味での中国文化圏の中にあって、いち早く独自の音標文字、「仮名」を創出できたのは、まさにこの地理的、文化的距離のおかげである。ベトナムのチュノム(字喃)の成立が十三〜十四世紀、朝鮮のハングルが十五世紀など、漢字・漢文を母国語としない民族が、自らの言語を自由に表記できる音標文字の体系を作り上げるには、長い時間がかかっている。九世紀に仮名という体系を生み出した日本は、その中でも際立って早い。漢字・漢文が正統とされた点では、日本も変わりはないが、その呪縛は「距離」のせいで格段に緩やかだった。韓国ではハングルという、世界でも珍しい合理的な音標文字の体系を生み出しながら、それを「諺《おん》文《もん》」と呼んで蔑まざるをえなかったところに、漢字・漢文への強い敬意と、正統意識がうかがえる。それから解放されるのに必要とした時間を、日本は中国からの「距離」によって大幅に短縮できたと言えるだろう。

また、一見、まるごと受容したかに見える仏教に関しても、この「距離」は見て取れる。列島での仏教信仰は、一部に渡来人による先行移植があったとしても、実質的には「公伝」の形で朝廷に選び取られて始まった。以後九世紀に到るまで、国策による受け入れに終始したと言ってよい。中国では、南北朝時代以降、僧尼が世俗の権威である皇帝を拝礼すべきかどうかで、政界を巻き込む大議論が引き起こされてきたし、仏教の大弾圧も何度かあったが、日本では多少の紛争はあったらしいものの、ぎりぎりのせめぎあいには至らなかった。仏教は飼いならされ、大局的には国家秩序に組み込まれていたのである。

こうした「距離」を保つには、地理的な遠さとともに、日本列島が自給自足の可能な条件を、豊かに備えていたことが貢献している。日本の歴史全体を通して言えることだが、海外との交易活動に生活の拠りどころを求めねばならない地域は、九州や南西諸島、東北地方の北部以北といった、おおむね周辺地域に限られた。江戸時代に来日したケンペルは、幕府のいわゆる「鎖国」政策を可能にした条件として、ヨーロッパ諸国と違い自給自足が可能なことを挙げ、それを羨んでいる（ケンペル『鎖国論』、小堀桂一郎『鎖国の思想』所収）。大まかに言えば、これは近世に限られたことではない。日本は潜在的に鎖国体質を備えていたのである。

「開かれていた日本」なのか

そのような点に着目すると、このところ日本史の学界を中心に強調される「開かれていた日本」という論には、そのまま同調するのはむずかしい。日本は閉鎖的な島国だったという「常識」に対して提起されたそのような意見では、日本列島は古代以来、海を介して周辺地域と交流してきたのであって、「鎖国」体制下の江戸時代も例外ではなかったことが力説される。しかし、平安時代以降の対外交渉が、あくまで周辺的な現象にとどまることは、中央要人の渡航がほとんど見られないことからも決定的だろう。十世紀以降、近代になるまで、朝廷や幕府の中枢にいた人の内、一体幾人が、中国や朝鮮を自分の目で見ただろうか。少し考えてみればわかることだが、豊臣秀吉の命で朝鮮に出征した武将たちを除くと、ほとんど皆無というのが実情である。明と外交関係があった時期ですら、この状況は変わらず、この時期を国交があるというだけで、遣唐使の時代と同一視するのは間違いである。

「開かれていた日本」という発想は、常識化した鎖国史観への批判として有効だし、耳を傾けなければならない点があるのは確かだが、歴史の大局から見れば、それに偏ると日本が本質的に持つ鎖国体質に目をつむってしまうことになる。歴史を将来に役立てる意味でも、むしろ日本の鎖国性こそが自覚されるべきであり、それはいくら強調してもし過ぎることはないだろう。

一見、遣唐使という主題からはずれたことを述べたと見られるかもしれないが、遣唐使を正当に評価するには、こうした長い時間を踏まえた視点が必要である。遣唐使とそれによって受容された文化の意義は、このような見方をすることによって、はじめて正しく歴史に位置づけることができるであろう。

あとがき

二〇〇四年秋、遣唐使で留学した井真成の墓誌が、中国で見つかり、翌年、東京、奈良などで、墓誌の「里帰り」展が行われた。そのいくつかに関係した私は、一般の人たちの遣唐使に対する熱い関心に、圧倒される感じがしたのを思い出す。しかしその熱意を受けて立つ研究者の方はといえば、国内史偏重の名残りや、史料が日中に跨るむつかしさから、まだ決して多くはないし、遣唐使について成果をわかり易く正確にまとめた本もほとんどない。

私は一九九四年に、『朝日百科 日本の歴史別冊』シリーズの一冊として『遣唐使船 東アジアのなかで』を書く機会を与えられ、それは一九九九年に朝日選書となった。したがってこの新書は、私にとって遣唐使をあつかった二冊目の本になる。そこで今回は、ここ五十年あまり、遣唐使の概説が出ていないこともあり、遣唐使をさまざまな視点から総合的に見直すとともに、広く日本の歴史・文化にとって、遣唐使とは何だったのかを考えてみた。根拠になる史料や主な参照文献も、読者の便を考え、やや煩雑ではあるが、つとめて文中の関係箇所で示すようにした。朝日選書の『遣唐使船』が、宝亀の遣唐使(七七七)を扱った、いわば各論なのに対し、この新書は総論ということになる。そうは言っても内容にだぶりがでてくるのは避けられないが、記述の繁簡には留意したので、あわせ読んでいただければありがたい。

日本の対外関係の歴史をながめていて感じるのは、それが他地域の歴史と比べ、極めて異色の特徴を持っていることである。たとえば遣唐使の時代の前半に定まった「日本」国号が、千三百年を経て現在まで続いているのは、世界に例のないことである。しかしこの事実は、あまりにも当然視され、一般人はもちろん、研究者の間でも、近年に至るまでまともに取り上げてはこられなかった。国際社会での「ジパング」という国号が、「日本」の漢字音を訛ったものであることを知る人も、まだまだ少ないといえようが、それも同様な無関心に根ざしている。「倭」や「倭人」に親しみを持つ日本人は多いが、「日本」成立以後、大陸で使われた「倭」「倭人」には、軽蔑や憎しみのニュアンスがあったし、今日なおそうであることも、案外見落とされている。

ただ自己への無関心は、他地域への無関心と裏腹である。「中国」は中華と同意で、古代には日本でも使われた称であるのに、中華民国や中華人民共和国の略称と誤解している人が、いかに多いことか。世界で最もよく使われる「チャイナ」(シナ)が、王朝名の「秦」から来ていることはまだしも、「コリア」が「高麗」の転訛であることは、もっと特殊な知識に属するだろう。しかし、それらを知れば、「日本」が持続したのは王朝交替がなかったからだと、誰にでも見当がつくはずである。

このような日本の特殊さを妙に持ち上げるのはよくないが、外部との違いを冷静に自覚し、外からの視線を正当に理解することは、日本の社会や歴史研究にもっとも必要なことの一つではないだろうか。日本列島のように、歴史が継続している地域では、歴史を学ぶことは、人間にたとえると、自我形成の過程を振り返る意味がある。古代史なら、さしずめ幼少年期を省みることになるだろう。古代のロマンとして見られがちの遣唐使だが、近現代の異文化交流を見る鏡にもなることを、本書を通じて感じ取っていただきたい。

最後になったが、編集の労をお取り下さった早坂ノゾミ氏に厚く御礼申し上げる。

二〇〇七年九月十八日

東野治之

引用・参照文献

本書全体に関わるもの

東野治之『遣唐使と正倉院』岩波書店、一九九二年
東野治之『正倉院』岩波新書、一九八八年
東野治之『遣唐使船　東アジアのなかで』朝日新聞社、一九九九年
木宮泰彦『日華文化交流史』冨山房、一九五五年
森　克己『遣唐使』至文堂、一九五五年
増村　宏『遣唐使の研究』同朋舎出版、一九八八年
佐伯有清『最後の遣唐使』講談社現代新書、一九七八年
佐伯有清『悲運の遣唐僧　円載の数奇な生涯』吉川弘文館、一九九九年
王　勇『唐から見た遣唐使』講談社、一九九八年
古瀬奈津子『遣唐使の見た中国』吉川弘文館、二〇〇三年
上田　雄『遣唐使全航海』草思社、二〇〇六年

序章

気賀沢保規「見えてきた無名の遣唐使「井真成」の素顔」『現代』三九巻一二号、二〇〇五年

東野治之「井真成の墓誌を読む」専修大学・西北大学『遣唐使の見た中国と日本』朝日選書、二〇〇五年

第一章

辻善之助『増訂　海外交通史話』内外書籍株式会社、一九三〇年

川本芳昭「隋書倭国伝と日本書紀推古紀の記述をめぐって」『史淵』一四一号、二〇〇四年

東野治之「聖徳太子の時代」『日本古代史料学』岩波書店、二〇〇五年

石上英一「古代東アジア地域と日本」朝尾直弘他編『日本の社会史』1、岩波書店、一九八七年

直木孝次郎「百済滅亡後の国際関係」『日本古代の氏族と国家』吉川弘文館、二〇〇五年

西嶋定生「遣唐使と国書」茂在虎男他編『遣唐使研究と史料』東海大学出版会、一九八七年

豊嶋静英「倭という名のいわれ」『歴史評論』五二六号、一九九四年

石井正敏「最後の遣唐使」土田直鎮・石井正敏編『海外視点　日本の歴史』5、ぎょうせい、一九八七年

石井謙治「海上交通の技術」同右

第二章

東野治之「ありねよし 対馬の渡り」続日本紀研究会編『続日本紀の時代』塙書房、一九九四年
木宮泰彦『日支交通史』金刺芳流堂、一九二六・二七年
山里純一「遣唐使航路「南島路」の存否をめぐって」『古代日本と南島の交流』吉川弘文館、一九九九年
杉山 宏「遣唐使船の航路について」石井謙治編『日本海事史の諸問題』対外関係編、文献出版、一九九五年
青木和夫『日本の歴史』三、奈良の都、中央公論社、一九六五年
滝川政次郎「節刀考」『政経論叢』五―一、一九五六年
藤善眞澄「伊吉博徳書の行程と日付をめぐって」『関西大学東西学術研究所創立五十周年記念論文集』二〇〇一年
田中 卓『住吉大社神代記の研究』『田中卓著作集』七、国書刊行会、一九八五年
田中 卓「祝詞「遣唐使時奉幣」について、古来の誤解を正し、難波津の位置と成立時期を確定する」『摂播歴史研究』二十五周年記念特集号、二〇〇七年
日下雅義『古代景観の復原』中央公論社、一九九一年
榎本淳一「『新唐書』選挙志の唐令について」『工学院大学共通課程研究論叢』三一号、一九九三年
安藤更生『鑑真大和上伝の研究』平凡社、一九六〇年

矢野健一「「井真成墓誌」と第一〇次遣唐使」『遣唐使の見た中国と日本』朝日選書、二〇〇五年
水野柳太郎「新羅進攻計画と藤原清河」『日本古代の史料と制度』岩田書院、二〇〇四年
河内春人「石山寺遺教経奥書をめぐって」『続日本紀研究』三六三号、二〇〇六年
厳　耕望「新羅留唐学生与僧徒」『唐史研究叢考』新亜研究所、一九六九年
石井謙治「海上交通の技術」第一章前掲
東野治之「遣唐使船の構造と航海術」『九州史学』一一一号、一九九四年
桑原隲蔵『蒲寿庚の事蹟』『桑原隲蔵全集』五、岩波書店、一九六八年
上田　雄『渤海使の研究』明石書店、二〇〇二年

第三章

東野治之『書の古代史』岩波書店、一九九四年
東野治之「空海の入唐資格と末期の遣唐使」『文化財学報』二三・二四合併号、二〇〇六年
関　晃『帰化人』至文堂、一九五六年
東野治之「遣唐使の文化的役割」『遣唐使と正倉院』前掲
加藤順一「律令官人と遣唐使」利光三津夫編『法史学の諸問題』慶応通信、一九八七年
東野治之「太子信仰の系譜」『日本古代史料学』岩波書店、二〇〇五年
東野治之「阿修羅像と天平文化」興福寺監修『阿修羅を究める』小学館、二〇〇一年

山本幸男「玄昉将来経典と「五月一日経」の書写」『相愛大学研究論集』二二巻・二三巻、二〇〇六・七年
E・O・ライシャワー『円仁 唐代中国への旅』原書房、一九八九年
堀池春峰「興福寺霊仙三蔵と常暁」『南都仏教史の研究』下、法蔵館、一九八二年
廣瀬憲雄「倭国・日本の隋使・唐使に対する外交儀礼」『ヒストリア』一九七号、二〇〇五年
東野治之「鑑真和上と東大寺戒壇院」『戒律文化』三号、二〇〇五年
松田誠一郎「「唐招提寺用度帳」について」『研究紀要』三七号、一九九三年
東野治之「初期の唐招提寺をめぐる諸問題」『仏教芸術』二八一号、二〇〇五年
岩佐光晴『平安時代前期の彫刻』日本の美術四五七号、至文堂、二〇〇四年
東野治之「鑑真書状再考」『万葉集研究』二九集、二〇〇七年
榎本栄一「経典の転読について」『東洋学研究』二七号、一九九二年
宮崎健司『日本古代の写経と社会』塙書房、二〇〇六年
杉本一樹「聖語蔵経巻『四分律』について」『正倉院紀要』二九号、二〇〇七年

第四章

吉村苣子「唐代の跕躞帯について」『美術史』九三・九四合併号、一九七六年
池田　温「前近代東亜における紙の国際流通」『東アジアの文化交流史』吉川弘文館、二〇〇二年

林　良一「正倉院」『別冊三彩』三号、一九五九年
王　勇「「ブックロード」とは何か」『書物の中日交流史』国際文化工房、二〇〇五年
太田晶二郎「日本漢籍史札記」『太田晶二郎著作集』1、吉川弘文館、一九九一年
石田尚豊「円珍将来目録と録外について」『空海の起結』中央公論美術出版、二〇〇四年
東野治之「日唐交流と聖徳太子信仰―慧思後身説をめぐって―」藤善眞澄編『東と西の文化交流』関西大学出版部、二〇〇四年
辻善之助『増訂　海外交通史話』第一章前掲
東野治之「勝鬘経義疏の「文」と「語」」『日本歴史』七〇四号、二〇〇七年
奈良国立博物館『請来美術』一九六七年
東野治之「法隆寺資財帳は完本か」『聖徳』一八三号、二〇〇五年
巽淳一郎「都城における鉛釉陶器の変遷」五島美術館『日本の三彩と緑釉』一九九八年
大槻暢子「季御読経の引茶」『古代史の研究』一三号、二〇〇六年
尾野善裕「嵯峨朝の尾張における緑釉陶器生産とその背景」『古代文化』五四―一一、二〇〇二年

終章

榎本淳一「『小右記』に見える「渡海制」について」山中裕編『摂関時代と古記録』吉川弘文館、一九九一年

引用・参照文献

河添房江『源氏物語時空論』東京大学出版会、二〇〇五年
藤堂明保『中国語音韻論』光生館、一九八〇年
関　晃『帰化人』至文堂、一九五六年
小堀桂一郎『鎖国の思想』中公新書、一九七四年

遣隋使・遣唐使年表

「入京年月」欄の○印は正月に在京したことを示す。史料で確認できない箇所は空欄のまま。「出発」「帰国」欄に入れた月は、史料で確認できる九州での発着月。

次数	出発 西暦(和暦)	使人	航路	船数	入京(長安・洛陽)年月	帰国	航路	備考
1	六〇〇(推古天皇八)		北路?			(不明)	北路?	
2	六〇七(推古天皇一五)	小野妹子	北路?			六〇八・四	北路	隋使裴世清ら来日
3	六〇八(推古天皇一六)	小野妹子(大使) 吉士雄成(小使) 鞍作福利(通事)	北路?			六〇九	北路?	裴世清を送る 高向玄理、僧旻、南淵請安ら留学
4	六一四(推古天皇二二)	犬上三田耜 矢田部造某	北路?			六一五	北路	百済使とともに帰る
一	六三〇(舒明天皇二)	犬上三田耜 薬師恵日	北路?			六三二・八	北路	唐使高表仁ら来日
二	六五三(白雉四)	吉士長丹(大使) 吉士駒(副使)	北路?	1		六五四・七	北路	
	同 七月?	高田根麻呂(大使) 掃守小麻呂(副使)		1				往途、薩摩竹島付近で遭難

三	六五四(白雉五)	高向玄理(押使) 河辺麻呂(大使) 薬師恵日(副使)	北路	2		六五五	北路?	高向玄理、唐で没
四	六五九(斉明天皇五)八月	坂合部石布(大使) 津守吉祥(副使) 伊吉博徳	北路	2	六五九(顕慶四)閏一〇月〔〇〕	六六一・五(第二船)	北路	第一船は往途南海の島に漂着、大使らは殺される
五	六六五(天智天皇四)	守大石・坂合部石積・吉士岐弥・吉士針間(送唐客使)	北路			六六七・一一	北路	唐使劉徳高を送る。唐使法聡来日 六六三 白村江の戦
六	六六七(天智天皇六)	伊吉博徳(送唐客使) 笠諸石(送唐客使)	北路			六六八	北路	唐使法聡を百済に送る 唐には行かずか
七	六六九(天智天皇八)	河内鯨	北路?			(不明)	北路?	
八	七〇二(大宝二)六月	粟田真人(執節使) 高橋笠間(大使) 坂合部大分(副使) 巨勢邑治(大位) 山上憶良(少録)	南路		七〇二(長安二)一〇月〔〇〕	七〇四・七(粟田真人) 七〇七・三(巨勢邑治) 七一八・一〇(坂合部大分)	南路	六七六 新羅、朝鮮半島統一 道慈留学
九	七一七(養老元)	多治比県守(押使) 大伴山守(大使) 藤原馬養(副使)	南路?	4	七一七(開元五)一〇月〔〇〕	七一八・一〇	南路?	玄昉・阿倍仲麻呂・吉備真備・井真成ら留学 道慈帰国

一〇	七三三(天平五)	多治比広成(大使) 中臣名代(副使) 平群広成(判官) 秦朝元(判官)	南路?	4	七三四(開元二二) 正月か〔○〕	七三四・一一(第一船) 七三六・五(第二船) 七三九　(第三船)	南路	玄昉・真備ら帰国、菩提遷那来日 第四船難破
一一	七四六(天平一八)任命	石上乙麻呂(大使)						停止
一二	七五二(天平勝宝四)	藤原清河(大使) 大伴古麻呂(副使) 吉備真備(副使)	南路	4	七五二(天宝一一) 一二月以前 〔○〕	七五三・一二(第三船) 七五四(第二船) 七五四・四(第四船)	南路	鑑真ら来日。帰途、第一船安南に漂着、大使藤原清河、阿倍仲麻呂、唐に戻り、帰国せず
一三	七五九(天平宝字三)	高元度(迎入唐大使使) 内蔵全成(判官)	渤海路	1		七六一・八	南路	清河を迎える使の判官内蔵全成、渤海路により帰国
一四	七六一(天平宝字五) 任命	仲石伴(大使) 石上宅嗣(副使) 藤原田麻呂(副使)		4				船破損のため停止
一五	七六二(天平宝字六) 任命	中臣鷹主(送唐客使) 高麗広山(副使)		2				七月、風波便なく渡海できず停止

一六	七七七(宝亀八)六月	佐伯今毛人(大使) 大伴益立(副使) 藤原鷹取(副使) 小野石根(副使) 大神末足(副使)	南路	4	七七八(大暦一三) 正月〔〇〕	七七八・一〇(第三船) 七七八・一一(第四船) 七七八・一一(第二船) 七七八・一一(第一船舳) 七七八・一一(第一船艫)	南路	大使、病と称して行かず 唐使孫興進来日 伊予部家守帰国。藤原清河の娘喜娘来日
一七	七七九(宝亀一〇)	布勢清直(送唐客使)	南路	2	七八〇(建中元) 二月	七八一		唐使孫興進を送る
一八	八〇三(延暦二二) 八〇四(延暦二三)七月 再	藤原葛野麻呂(大使) 石川道益(副使)	南路	4	八〇四(貞元二〇) 一二月〔〇〕	八〇五・六(第一船) 八〇五・六(第二船) 八〇六(第四船?)		第三船、往途肥前松浦にて遭難 最澄、空海ら帰国
一九	八三六(承和三)七月 八三七(承和四)七月 再 八三八(承和五)六月 再々	藤原常嗣(大使) 小野篁(副使)	南路	4	八三八(開成三) 一二月〔〇〕	八三九・八、一〇 八四〇・四、六	北路	副使、病と称して行かず 帰途新羅船九隻を雇って帰る 第二船、南海の地に漂流
二〇	八九四(寛平六)任命	菅原道真(大使) 紀長谷雄(副使)						大使菅原道真の上奏により停止

索 引

あ 行

か 行

な　行

は　行

ま　行

や　行

ら・わ　行

東野治之

1946年西宮市に生まれる
1971年大阪市立大学大学院修士課程修了
専攻ー日本古代史・文化財史料学
現在ー奈良大学名誉教授，日本学士院会員
著書ー『木簡が語る日本の古代』
『正倉院』
『遣唐使と正倉院』
『書の古代史』
『日本古代金石文の研究』
『日本古代史料学』(以上，岩波書店)
『遣唐使船　東アジアのなかで』
『貨幣の日本史』(以上，朝日新聞社) ほか

遣唐使　　岩波新書(新赤版)1104

2007年11月20日　第1刷発行
2025年 2 月20日　第7刷発行

著　者　東野治之《とうのはるゆき》

発行者　坂本政謙

発行所　株式会社 岩波書店
〒101-8002 東京都千代田区一ツ橋2-5-5
案内 03-5210-4000　営業部 03-5210-4111
https://www.iwanami.co.jp/

新書編集部 03-5210-4054
https://www.iwanami.co.jp/sin/

印刷・精興社　カバー・半七印刷　製本・中永製本

ISBN 978-4-00-431104-1　　Printed in Japan

岩波新書新赤版一〇〇〇点に際して

ひとつの時代が終わったと言われて久しい。だが、その先にいかなる時代を展望するのか、私たちはその輪郭すら描きえていない。二〇世紀から持ち越した課題の多くは、未だ解決の緒を見つけることのできないままであり、二一世紀が新たに招きよせた問題も少なくない。グローバル資本主義の浸透、憎悪の連鎖、暴力の応酬——世界は混沌として深い不安の只中にある。

現代社会においては変化が常態となり、速さと新しさに絶対的な価値が与えられた。消費社会の深化と情報技術の革命は、種々の境界を無くし、人々の生活やコミュニケーションの様式を根底から変容させてきた。ライフスタイルは多様化し、一面では個人の生き方をそれぞれが選びとる時代が始まっている。同時に、新たな格差が生まれ、様々な次元での亀裂や分断が深まっている。社会や歴史に対する意識が揺らぎ、普遍的な理念に対する根本的な懐疑や、現実を変えることへの無力感がひそかに根を張りつつある。そして生きることに誰もが困難を覚える時代が到来している。

しかし、日常生活のそれぞれの場で、自由と民主主義を獲得し実践することを通じて、私たち自身がそうした閉塞を乗り超え、希望の時代の幕開けを告げてゆくことは不可能ではあるまい。そのために、いま求められていること——それは、個と個の間で開かれた対話を積み重ねながら、人間らしく生きることの条件について一人ひとりが粘り強く思考することではないか。その営みの糧となるものが、教養に外ならないと私たちは考える。歴史とは何か、よく生きるとはいかなることか、世界そして人間はどこへ向かうべきなのか——こうした根源的な問いとの格闘が、文化と知の厚みを作り出し、個人と社会を支える基盤としての教養となった。まさにそのような教養への道案内こそ、岩波新書が創刊以来、追求してきたことである。

岩波新書は、日中戦争下の一九三八年一一月に赤版として創刊された。創刊の辞は、道義の精神に則らない日本の行動を憂慮し、批判的精神と良心的行動の欠如を戒めつつ、現代人の現代的教養を刊行の目的とする、と謳っている。以後、青版、黄版、新赤版と装いを改めながら、合計二五〇〇点余りを世に問うてきた。そして、いままた新赤版が一〇〇〇点を迎えたのを機に、人間の理性と良心への信頼を再確認し、それに裏打ちされた文化を培っていく決意を込めて、新しい装丁のもとに再出発したいと思う。一冊一冊から吹き出す新風が一人でも多くの読者の許に届くこと、そして希望ある時代への想像力を豊かにかき立てることを切に願う。

（二〇〇六年四月）

岩波新書より

日本史

古墳と埴輪	和田晴吾
〈一人前〉と戦後社会	禹宗杬・沼尻晃伸
豆腐の文化史	原田信男
桓武天皇	瀧浪貞子
読み書きの日本史	八鍬友広
日本中世の民衆世界	三枝暁子
森と木と建築の日本史	海野聡
幕末社会	須田努
江戸の学びと思想家たち	辻本雅史
上杉鷹山 「富国安民」の政治	小関悠一郎
藤原定家『明月記』の世界	村井康彦
性からよむ江戸時代	沢山美果子
景観からよむ日本の歴史	金田章裕
律令国家と隋唐文明	大津透
伊勢神宮と斎宮	西宮秀紀
百姓一揆	若尾政希
給食の歴史	藤原辰史
大化改新を考える	吉村武彦
江戸東京の明治維新	横山百合子
戦国大名と分国法	清水克行
東大寺のなりたち	森本公誠
武士の日本史	髙橋昌明
五日市憲法	新井勝紘
後醍醐天皇	兵藤裕己
茶と琉球人	武井弘一
近代日本一五〇年	山本義隆
語る歴史、聞く歴史	大門正克
義経伝説と為朝伝説 日本史の北と南	原田信男
出羽三山 山岳信仰の歴史を歩く	岩鼻通明
日本の歴史を旅する	五味文彦
一茶の相続争い	高橋敏
鏡が語る古代史	岡村秀典
日本の近代とは何であったか	三谷太一郎
戦国と宗教	神田千里
古代出雲を歩く	平野芳英
自由民権運動 〈デモクラシー〉の夢と挫折	松沢裕作
風土記の世界	三浦佑之
京都の歴史を歩く	小林丈広・高木博志・三枝暁子
蘇我氏の古代	吉村武彦
昭和史のかたち◆	保阪正康
「昭和天皇実録」を読む◆	原武史
生きて帰ってきた男	小熊英二
遺骨 戦没者三一〇万人の戦後史	栗原俊雄
在日朝鮮人 歴史と現在	水野直樹・文京洙
京都〈千年の都〉の歴史	高橋昌明
唐物の文化史◆	河添房江
小林一茶 時代を詠んだ俳諧師	青木美智男
信長の城	千田嘉博
出雲と大和	村井康彦
女帝の古代日本◆	吉村武彦
古代国家はいつ成立したか	都出比呂志